だいわ文庫

頭のいい人は「短く」伝える

樋口裕一

大和書房

はじめに

なんと話の長い人が多いのだろう。結婚式や会社、学校関係者の自己紹介や挨拶。仲間との世間話。そんな場所で、周囲がイライラしているのもかまわずに、長々と話をする人がいる。

仕事でなければ、長いのも愛嬌と言えるかもしれない。だが、商談や会議での発言、仕事上の打ち合わせなどでも長々と語って何を言っているのかわからない人も少なくない。必要なことを言わないで、無駄なことばかりを言うので、わき道にそれて、聴いている人は意味が取れなくなる。

おそらく話している本人も、自分が何を言おうとしているのかわからなくなって迷路に迷い込み、だからこそいっそう、終わりにすることもできなくなって長くなっているのだろう。

逆に、話が短すぎる人もいる。

自己紹介の場面で、所属と名前を言うだけで、印象に残るようなことを言わない人も多い。それでは、ほとんど自己紹介の意味をなさないだろう。それどころか、会議での発言で、自分のきわめて主観的な思い込みをぽつりと言って、説明もせず、根拠も示さず、反対意見への反論も語らない人もいる。周囲の人全員が、その人の言わんとしていることを理解できずに不満を募らせているのに、本人は平気でいたりする。

話の長すぎる人、短すぎる人、ともに的確に話をすることができない人だ。それでは、周囲の人の信頼を得ることができない。仕事をまともにこなすこともできないだろう。場合によっては陰で馬鹿にされているかもしれない。

話を的確にまとめることのできる人は、短い時間で自分の意見を示し、相手に理解させ、説得することのできる人だ。しかも、そのような人は、自分が的確に発信できるので、他人の意見もきちんと理解できる。要するに、コミュニケーション能力が高い。そのような人は、間違いなく仕事もできるだろう。

では、どうすれば、的確に話をまとめることのできる人間になれるのか。どうすればてきぱきした文章を書いて、相手を説得したり、相手の心を動かしたりできるのか。そして、コミュニケーション上手になれるのか。

実は、それはたいして難しいことではない。

長々と話したり書いたりする必要はない。むしろ短いほど、自分の言いたいことははっきりと伝わる。

そこで私が提唱するのは、「4行」で語り、書き、読もうとすることだ。4行で語ろうとすることによって、的確に話を進めることができる。その4行を応用して、それに肉付けして長い文章にできる。いずれにしても、4行を基本に考える。こうすることによって、自在に話したり書いたり、それを応用して読み取ることもできる。

本書では、4行を基本にして短く語り、短く書き、文章を的確に読み取る方法を説明している。これをマスターするだけで、思ったことを書き、上手に、そしてしたたかに相手を動かすことができるだろう。そのための例文もいくつか挙げた。

本書が、多くの人が短く語るコツを会得して、うまいコミュニケーション術を身につけるためのヒントになってくれれば、著者としてこんなうれしいことはない。

樋口裕一

目次

第2章 伝えるための究極形が「4行構成」

第3章

「4行で書く」ことで伝わる文章になる

第4章 発信力をアップさせる「4行で読む」テクニック

一度読んだ文章なのに、なぜ頭に残っていないのか

抽象化ファイルで頭に残す

樋口流「斜め読み術」で効率よく読む

第5章
「4行で話す」コツをつかめば説得上手になれる

第6章 今すぐ使える！ 失敗しない「伝え方」文例集

第1章

頭のいい人は「短く伝える」

「伝え方」に無自覚なままでは、損をする

「で、何が言いたいの？」と、なぜ聞かれてしまうのか

世の中はコミュニケーションにあふれている。誰しも、毎日、誰かと話し、新しい情報を得たり、提供したりしながら過ごしている。会って話すだけではない。仕事相手や遠距離にいる人とも、メールを中心とした通信手段で〝会話〟が行われる。他人と関わらずに生きていくことはできない。

私自身も日々、誰かと話し、メールで通信する。

ところが、そうするうち、コミュニケーションが手軽になればなるほど、感じざるを得ないことがある。

たとえば、話の長い人がいる。突然、携帯電話に仕事の電話をかけたことを恐縮しているのだろう。丁寧に謝り、丁寧に時候の挨拶をし、いつの間にか仕事の話に

入っている。だが、**本題が何なのかさっぱり見えない。**

そこで適当に相槌を打ちながら聞いていると、最後の最後でようやく、数日前に上げた原稿を200字ほど削ってほしいという用件だったことがわかる。それならそうとパパッと手短に指示してくれれば、お互い電話の時間をロスすることもなかったのに、と思う。200字削るくらい、特に気を悪くするでもなく、その電話で話しているよりもずっと短い時間で簡単にできることだ。

また、メールでも同じようなことが起こる。こちらも**何か長々と書いてあるのだが、言いたいことがよくわからない。**読むのに疲れてしまうだけでなく、返事が必要な場合がほとんどだから、**どうしても対応が後回しになってしまう。**どのように返事を書けばよいのか迷ってしまうことも多い。

こうしたことは、私だけに起こるわけではないだろう。誰にも経験があるはずだ。そして、私も含めて誰もが、そのような電話をし、そのようなメールを送信している可能性がある。

「伝える」ことについての大誤解

私たちが話したり、書いたりするのは、誰かに何かを「伝える」ためだ。しかし、いくら伝えようとしても、やり方がまずければ相手には伝わらない。そのことに無自覚でいると、コミュニケーションは積み重なっていかない。

「〜と伝えたはずです」「え、そんなこと書いてありましたっけ?」というふうに、相手との間に誤解が生じやすくなり、ビジネスにおいては不利だと言わざるを得ない。

ビジネスだけではない。プライベートで何気なく送ったメールがひとりよがりで、「つきあいづらい人だ」などと敬遠される原因にもなりかねない。

ところが現代は、伝える内容よりも、相手に対する反応の速さや頻度を重視する効率主義的発想が蔓延しているのではないか。通信手段が便利になったことなどが、その背景にあるのだろう。

確かに、相手に伝える速さやタイミングをはかるのは大事なことだ。しかし、相手を説得しなければならないときや、深刻な事柄について報告しなければならないときなどは、**伝えたい内容をきちんと理解してもらうことが何より大切だ。**小手先のテクニックだけでは、相手の心を動かすことはできない。

相手に対する反応の速さや頻度を重視するのと同様に、**そもそも「伝える」ことに関して、大きな誤解があるように思う。**

誤解とは、例を挙げれば次のようなことだ。

- **感情を示せば伝わる。**
- **ものごとは時系列で伝えるとわかりやすい。**
- **情報は多いほうが相手のため。**
- **相手に質問を返されるようではダメ。**

こんなふうに考えている人は、多いのではないだろうか。

上司への報告、会議も、もうこわくない

たとえば、直属の上司が出張で丸一日会社を空けた日の翌日。朝いちばんで、昨日の部内の様子を報告しなくてはいけないとする。そんなとき、

「いやあ、もう、昨日はほんとうにたいへんだったんですよ。A社のプレゼン資料について、先方からチェックが入りまして、精一杯がんばって直してみたんですけど、うまくいきませんで……」

と、いきなり、自分たちがいかにがんばって仕事をしていたかを示そうとする。

自分のがんばりを知ってほしい、というのは感情だ。だが、がんばりの度合いは情報ではない。少なくとも相手の知りたい情報ではない。この部下は、**相手が知りたいことは何なのかということが、わかっていない**のだ。そして、

「まず午前中のB社との会議は、私と佐藤君で行きました。向こうの反応はイマイチでしたね。帰社後、午後にそれを受けてミーティングを開こうとしたところに、例のA社からプレゼン資料のチェックが届いたんです。それから……」

こうして、朝からの仕事の流れを時系列で説明しはじめる。聞いているほうは、途中から**「一体どこまでつづくんだ」と、うんざりだ。**そんな相手の反応には気づかず、さらに、

「ちなみに、A社の担当者は山本さんから田中さんに替わっていました」

と、**あらゆる情報を詰め込もうとする。**

A社の担当者が山本さんから田中さんに交代したことが、昨日のトピックスになるくらいの大問題であることもあるだろう。その場合は、その情報を真っ先に伝えるべきだ。しかし、そうではないケースなのに、「情報は一度にたくさん伝えたほうが相手のため」という考えがあるので、こうした瑣末なことも「ちなみに」「ついでに言うと」とつけ足してしまう。

このように、情報を詰め込んでしまうのは、「相手に質問を返されるようではダメ」という強迫観念にも似た思い込みがあるからにほかならない。つまり、相手に隙を見せてはいけない、疑問を持たれるようでは、きちんと伝えることにはならないという先入観も影響しているのだろう。

今挙げたのは一例だが、もうおわかりだと思う。こうした大誤解が日常のあらゆる場面で出現し、伝える内容を冗長《じょうちょう》に、そして複雑にしていく。**伝えようとすればするほど、どんどん長くなり、まわりくどくなる。**

実は、「伝える」ということは、非常に日常的な行為でありながら、とても高度な技術を必要とする。しかしその反面、伝える技術をしっかりと学べる機会は皆無と言っていい。みんな、なんとなく「伝える」行為をして、気づかないところで失敗している。これはなんとかしなくてはいけない。

「短くまとめる」型を身につけ、論理的に伝える

うまく要約できる人、できない人

身近にいる、「伝えるのが上手だな」と感じる人を思い浮かべてほしい。たいていそういう人のメールや話は簡潔だ。内容をショートカットしているから簡潔というわけではない。けっして素っ気ない印象は与えないし、ぶっきらぼうでもない。**情報のムダが省かれ、必要なことがミニマムにまとまっている。**そういうとき、「この人のメールはいつも明快だ」と感じる。

では、伝えるとは一体どういうことなのか。相手に何かを伝えたいとき、頭の中でどんな作業が行われているのだろう。

伝えたい内容を簡潔にするには、まず自分の頭の中をクリアにする必要がある。そのとき**頭の中で行われているのは「要約」の作業だ。**

私は長年、受験小論文の指導をしてきた。その経験から例を挙げて説明していこう。

小論文とはある課題文に対して、自分はどう考えるのかを論理的に説明する試験だ。論理的に書くために、私が編み出した**「論理の型」＝「4部構成」**を用いるように指導してきた。実はその型は、小論文だけでなく、ビジネス文書などあらゆる文章を書く場合にも、また話す場合においても、伝えたいことを論理的かつミニマムにまとめる技術としても使えるものだ。

「4部構成」とは次のようになっている。

第1部　問題提起　↓「～だろうか」

課題文の問題点を整理して、自分が何に対して意見を述べようとしているのかを示すための導入部。「課題文はこのように主張しているが、それは正しいのだろうか」というように「イエスかノーか」に転換し、問題を提起する。

第2部　意見提示　↓「確かに〜しかし〜」

自分は「イエスかノーか」、どちらの立場をとるのかを明確にする。このとき、反対意見を踏まえて、「確かに〜」と示しておいて、「しかし〜」で切り返し、自分の意見を主張する。

第3部　展開　↓「その背景には」「なぜなら」

なぜ自分がそのような意見を持つのか、背景、原因、歴史的経緯を掘り下げていく。小論文においていちばん重要な部分。

第4部　結論　↓「よって、〜である」

全体を整理して、最後にもう一度、自分が「イエスかノーか」を明示する。

小論文の場合、大学にもよるが、指定される字数は800字から1000字。それを4部構成で書くというわけだ。
しかし日常頻繁に送るビジネスメールなどは、もっと短いことが多い。そうした場合も、この4部構成を当てはめて書いてみると、次のようになる。

第1部　問題提起

新商品「○○○」はほんとうに9月発売でいいのだろうか。

第2部　意見提示

確かに多くの企業がこれまで新商品を9月発売としてきた。しかし温暖化が進む昨今、消費者の需要を考えると、もっと早い時期に設定し直したほうがいいと考えられる。

第3部　展開

なぜなら、まだ未確認だが、競合社のA社B社ともに、発売を早めるという噂はすでに業界に広まっていて、マスコミもその動向を見守っている。

第4部　結論

このような状況を踏まえると、A社B社に先がけて前倒しの発売が望ましいと考える。

こうして4部構成でまとめた文章は論理的に展開しているので、相手を説得することもできるし、共感させることもできる。

会社や家庭で起こっていること、人が頭の中で考えていることなど、世の中はとても複雑ですべてをひと言で短くまとめるのは難しい。しかし、このような型があればどうだろう。かなりの内容を、コンパクトにまとめることができる。

その究極が次に述べる「4行」でまとめる方法だ。

「短くまとめる」コツは「4部構成」にあり

小論文を例にとって、もう少し説明しよう。

小論文を一度も書いたことがない生徒は、いきなり800字は書けない。そこでまず「4部構成」の型に沿って、これから書こうとしている内容を「4行」でまとめさせることから指導をはじめることがある。つまり、

- **その課題文が言っていることについて、賛成か反対か。**
- **なぜそう考えるのか。**
- **他にはどんな考え方があるか。**
- **最終的に何を主張するのか。**

これらのポイントで言いたいことをまとめられる生徒は、この段階で書くべき内容がクリアになる。頭の中に全体の文章構成ができあがる。あとは、ポイントとし

てまとめた短い文章に肉付けすれば、あっという間に800字の小論文が書けるようになる。そして、自分の主張を自在に展開し、読み手に伝えることができるようになる。

しかし、この要約作業がどうしてもできない生徒がいる。書くべきポイントを短い文章にまとめられないのだ。そのような生徒は着地点が見えないまま書きはじめ、まとまりのない800字をダラダラと書いてしまう。当然、そのままでは何を主張する文章かわからないので、合格を勝ち取れる小論文にはならない。

つまり、こういうふうには考えられないだろうか。

何かを伝えるときの最小単位は「4行」なのだ。 たとえば論文を書くときも、自分が何を研究テーマにしているのかを明確にし、それについての仮説を述べる。次にそれを証明するための実験結果や、これまでの研究結果を比較して、自分の研究のほうが優れている点を書く。そして、「だから私は○○説を否定する」と結論を結ぶ。

実は論文は、煎じつめればこのような「4行」の積み重ねで構成されているのではないだろうか。

そう考えれば、小説も同じだろう。主人公の心に何か疑問や疑念が浮かぶ。でも「ほんとうにそうだろうか」と悩む。そんなとき突然、昔の知人に出くわしてヒントを得たり、普段起こらないようなことが起こって、主人公は何かを発見する。最後に「やっぱり自分は間違っていなかった」と確信する。

いわゆる「起承転結」も4つの部分で構成されており、これも私が言う「4部構成」と似ている。

そう考えると、実はこの世の中で発信されるべきものの基本は「4部構成」、つまり「4行」なのではないか。さらに言えば、「4行」という小さな積み木をひとつひとつ積み重ねていったものがこの世の中であって、世界とは元来そういうふうにできているのではないか。

だから「4行」で考え、書き、話すことを身につけるのが、「伝える力」を身につける近道と言えるのではないだろうか。

型を駆使するうちに、頭がよくなる

意外に思われるかもしれないが、クラシック音楽も今言ったことと非常に深いところで結びついている。

私は小学校の授業で聴いて以来、クラシック音楽を夢中になって聴いてきた。私自身は、楽器はできないし、楽譜も読めないし、音楽理論にも詳しくない。しかし、最近ではクラシック関係の著書を出版し、音楽評論家めいた仕事もするようになっている。

そして何よりクラシック音楽を聴きつづけてきたことで、知的になれたと自負している。ここでいう知的とは、音楽の知識が豊富になったということではない。単に頭がいいということでもない。

どういうことか説明しよう。

クラシックの楽曲形式のひとつにソナタというものがある。このソナタ形式も、言ってみれば4部で構成されている。

第1部で、第1主題と第2主題という対立するメロディが提示される。次の第2部で、第1部で提示された2つの主題が、転調を使うなどさまざまな形に変形されながら展開し、どちらのメロディが主流になるかの闘いがくり広げられる。そして、第3部で変化した主題がもとの形で再現され、最後の第4部で締めくくる。

ソナタ形式の第1部を主題提示部、第2部を展開部、第3部を再現部、第4部をコーダ（結尾部）とすれば、私が小論文指導で用いている4部構成にとても似ている。私自身はこのことにまったく気づかずに教えていたが、音楽を勉強している学生から指摘されて、「なるほど」と膝を打ったのだった。

私は長年、クラシック音楽を楽しみながら、論理的に思考する能力を身につけたのではないか。その思考回路が、小論文を教える際に「4部構成」という形で表れたのではないか。私自身はそう感じている。

そして、私が小論文指導だけでなく、著書の執筆、大学での授業、講演会など、さまざまの場で書いたり話したりすることが増えた昨今、ますますこの**4部構成が、自分の考えをまとめたり、言いたいことを伝えるための核にあるのではないか**と考えるようになったのだ。

思いつきや脱線を封じて的確に伝える

クラシック音楽のこうした影響は、実はクラシック音楽にかぎらない。多くの童謡や現代歌謡にも見られる。たとえば、どなたもご存じの滝廉太郎作曲「荒城の月」。いちばんの歌詞を見ながら、メロディを思い浮かべてほしい。

春高楼の花の宴
めぐる盃　かげさして
千代の松が枝（え）わけいでし
むかしの光いまいずこ

この曲は、A→A´→B→A´という構成になっている。

Aという基本のメロディにつづいて、その変形A´。3行目でBに展開して、最後はA´に戻る。この構成は、文章を書くときの起承転結に似ている。私はあまり詳しくないが、いわゆるJ-POPと言われる最近の音楽も、A→A´→B→C（サビ）という作りが多いようだ。

つまり、ソナタの「4部構成」に代表されるように、**ある程度の規則性を持ったものが、最も人を感動させるし、共感を得られる**ということなのだろう。

作曲者の思いつきで、A→X→G→Y→Oと順不同に構成される音楽で素晴らしいものもあるが、そういうものは人の心を動かせないのかもしれない。

「何が言いたいのかわからない」「もっとわかりやすい文章に直してくれ」。そんなふうに言われてしまう人の会話や文章は、言ってみればA→X→G→Y→OのようなハチャメチャなLaw構成になっているのだ。

世界は「4行」でできている！

さらに次のようなことも言える。

先程もお話ししたように、交響曲は基本的に4つの楽章からできている。第1部で提示されるそれぞれの主題は、多くの場合4つのパーツから成り立っているのだ。そして、個々のパーツのメロディは4小節をひとつの単位として展開する。そもそも音楽は通常、全音符の4分の1の長さの音を表す4分音符を1拍として数える。

音楽の構造を突き詰めていけば「4」になる。ベートーヴェンやバッハなど天才音楽家たちの頭の中には、無意識に「4」をベースとした思考ができていたのではないか。

私がこよなく敬愛しているベートーヴェンは、おそらくそのような構造を意識して多くの楽曲を書いたはずなのだ。だから、交響曲第5番ハ短調（日本で『運命』と呼ばれているもの）のように、「タタタ・ターン」というモチーフを、4つの楽章全体を通して数百回くり返し使って構築する、素晴らしい音の建築物をつくれたのだと思う。

だから交響曲第5番を聴くと、「これが世界だ！」と身震いするほど感動する。「タタタ・ターン」というモチーフをこの楽曲の最小単位とし、それを積み重ねることによって構築した壮大な世界。それは先に言った、――**「4行」という小さな**

積み木をひとつひとつ積み重ねていったものがこの世の中であって、世界とは元来そういうふうにできているのではないか――という考えとつながる。

「書く」「話す」「読む」の連携で伝える力がアップする

現代ますます必要とされる書く力、話す力

言いたいことや書きたいことを、思いつきのままA↓X↓G↓Y↓Oと順不同に並べたのでは、相手に伝わらない。そこで「4部構成」という型、そしてその最小単位の「4行」に短くまとめることが大事だと、これまでお話ししてきた。

それを踏まえ、**本書では伝えること、また、コミュニケーションの基本と言える「書く」「話す」「読む」という作業において「短くまとめる」技術を紹介していく**のだが、これら3つのつながりについてここで説明しておこう。

まず「書く」と「話す」は、ともに伝える相手がいる。作業としては異なるが、攻略法の基本的な考えはまったく同じと考えていい。

人間の頭の中には、さまざまな思考が渦巻いている。ひとつのことを表現するの

に、あれも言いたいこれも言いたいとなる。考えれば考えるほど思考が拡大、分散して、収拾がつかなくなる。

だが、好きなだけ拡大、分散させていると、最終的にまとめる段になって非常に苦労することになる。それでも「書く」場合なら何度でも推敲できるが、会話になるとそうはいかない。一度自分の口から出てしまったものは、元へ戻すわけにはいかない。これが「書く」と「話す」の大きな違いだ。

さらに、話す場合、相手は目の前にいるので、実は**「話す」は「書く」よりも難しい**と言える。話し下手で悩む人は多いが、それは当たり前なのだ。本書を読み進めて「4行」の型を身につければ、「話す」ことが苦手な人もアドバンテージをキープできる。

「読む」とは、実は「話を聞く」ことと同じ

さて、では「読む」とはどういうことか。

私は「読む」ことは「聞く」ことと同じだと考えている。つまり、**文章を読んで**

その内容を理解するのと、人の話を聞いて理解するのは、頭の中で同じ作業が行われているはずなのだ。

「聞く」は英語でhear。フランス語ではentendreに当たる。しかしこのentendreは「理解している」という意味でも使われる。「わかった」「理解しました」の意味で、J'entends.と用いられる。このことから、フランス語圏の人は、「聞く」を「理解する」という意味でとらえているとわかる。日本語にはそのような言葉はないが、実は頭の中では同じようなことが行われている。

たとえば、社長の訓示を聞いているとき、話を聞く気がなくなってしまうことがある。それは単に集中力が切れてしまったから、相手の話の内容に興味がなくなったからと思いがちだ。しかし、それだけではないはずだ。

おそらく内容が頭に入ってこなくなった段階で、理解できなくなっているのだろう。だから**頭の中にインプットして残すことができず、「何の話を聞いていたんだっけ?」ということになる。**

これと同じことが、文章を読んでいるときにも起こる。小説、エッセイ、論文、メールなど何かを読んでいるとき、途中で読むのが苦痛になってしまうことがある。これも同じように、途中で理解できなくなっているからだ。

3つのどれが欠けても発信力は育たない

では、「読む」力、「聞く」力をつけるにはどうすればいいのか。そのために必要なのが「書く」ことなのだ。**書いていれば読めるようになる。**小学生の国語指導でも、読む力が足りない子に対する指導は、まず「書く」ことにある。

順を追って、説明していこう。

短時間でのスケッチを提唱しておられる山田雅夫さんに聞いた話だ。絵を描くためにある場所へ出かけたとする。そうすると、スケッチを描くことで、描く前は見えなかったその土地の特徴が見えてくるそうだ。この村にはどのような建物が多いか、どのような色が多く使われているか、家にはどのような特徴があるか、スケッチをすることで初めて見えてくるという。

絵のことはよくわからないが、スケッチをするとき、目に映っている風景の中から、自分が描くものを選んでいるのだろう。漠然と景色を見るのではなく意識して見ることで、漠然とした風景という情報を整理することができる。さらに自分の手を動かして描くから、伝えたいものがより明確になる。

だから、絵を描く人は、絵のことがよくわからない私よりも、描かれた絵から莫大な情報を受けとり、インスピレーションを得るのかもしれない。

何も絵を例に挙げるまでもないだろう。かつて読んで今でもよく覚えている小説を思い出していただきたい。その小説は、きっと読んだだけではなかったはずだ。読んだ後に、何らかの発信をしたものではないだろうか。学校で感想文を書いたり、発表したり、誰かに印象を語ったものだろう。

文章を書く場合も同じなのだ。文章を書こうと思うから情報をより正確に理解したうえで整理しようとする。書いていると、書き手の気持ちがわかる。つまり、**発信するから受信の精度が高まる。**だから「読む（・聞く）」よりも「書く」が先にあるべきなのだ。

現代は発信力が問われる時代だ。

メール、ブログといったツールの発達にともない、個人が発信する機会は激増した。オフィスにいなくてもｉＰａｄやクラウドを利用して、どこにいても仕事ができる世の中になった。就職試験では自己ＰＲ文や志望動機書が必要だし、社会人になってからも、企画書や報告書などを書くことから逃れることはできない。

また、小学校教育でもディベートが行われ、自分の意見を言う機会がどんどん増えている。ビジネスにおいて会議に参加することは不可欠だ。

しかし、日本人の発信力はまだまだ乏しいと言わざるを得ない。そのような教育を受けてきていないのだから、いたしかたない。

たとえば国語教育でも、書くことより読むことに重点が置かれる。教育のほとんどが受信ばかりなのだ。しかし、**受信力は発信力を鍛えてこそ養われる。**

つまり、**人より優れた発信力を身につけるためには、「書く」「話す」「読む」の3つの力を鍛えることが必要不可欠なのだ。**

第2章

伝えるための究極形が「4行構成」

頭のいい人とは、型を使える人のこと

「4行」を使って脳内の情報整理をする

人間は要約しながら理解していく。そのとき、**理解した内容をまとめる方法が「4行構成」**だと、すでにお話しした。本章ではさらに「4行」に短くまとめることの大切さ、そして具体的な方法を紹介していく。

生まれたときからパソコンが日常生活の中にあり、慣れ親しんでいる年齢層の方にはわかりにくい話だろうが、初期のワープロはディスプレイ画面に4行文くらいの文章しか表示されなかった。画面がとても小さいのだ。

私は流行りはじめたばかりのワープロを購入し、苦労しながら最初の小論文参考書を書いた。薄い参考書だったが、書籍1冊分の原稿を打ち込んでいくのに、ディスプレイに見えているのは数行だけ。先に書いた文章は、次々に視界から消えていく。

その後進化したワープロや現在のパソコンのように、ディスプレイ上に前に書いた文章が残っていると、さっと目で確認して先へ進むこともできるし、論理の矛盾にも気づきやすい。それができないので、今思えば昔のワープロは実に不便だった。もちろん、当時は「入力した文章をデータとして残せるなんて、素晴らしい！」と感動しながら使っていたのだが。

ずいぶん古い話を持ち出したが、人間の脳の活性化している容量を何かにたとえるとすれば、昔のワープロの小さな画面なのではないだろうか。つまり、**人の話を聞いたり、文章を読んだりしたときに理解できる容量は、われわれが思っているよりも少ないのではないか**ということだ。

人間の記憶や理解の貯蔵庫は無限にある。いくらでもストックしておくことができる。しかしそれは「何がどこにあるか」が明確になっているという条件つきだ。おそらく、人間の脳の貯蔵庫は無限だが、活性化している部分の容量は無限ではないのだろう。

常に「生きた情報」を持っている人になる

たとえば、パソコンの容量はいくらでも増やせる。だから「これはいつか資料として役立つだろう」と思ってとっておく。だが、**いざ必要なとき取り出すことができない。**「あれ、どこにしまったっけ」となるわけだ。

「確か去年の夏に取り掛かっていた仕事のときだから……」と、当時の記憶を頼りに探してみるが、見つからない。メモリースティックも開いて、いくつかのデータを開けてみる。そんなことをやっているうちに、一体自分が何を探していたのかわからなくなる。おおいに時間のムダが生じる。

だが、パソコンに残すと決めた時点でファイル化して名前をつけておけば、いつでも取り出せるし、整理もしやすくなる。「どこかにあるんだけど、残念ながら取り出せない」ということはなくなる。

これを人間の頭に置き換えたとき、**このファイル化の作業が「４行」にまとめるということになる。４行で頭に残せれば、いざ伝えるときにも４行で取り出せる。**

ミニマムな単位の「4行」にまとめた情報は、生きた情報として使えるのだ。

さらに大切なことがある。

自分が伝えたいことを「4行」で短くまとめた情報は、ファイルとしてまとまっているから相手の頭にも残りやすくなる。自分のパソコンから相手のパソコンへ情報を転送するように、そのまま伝達されていく。

「で？　何が言いたいの？」「あの人の企画書は意味がわからない」などと言われることはなくなるのだ。

型には4つのバリエーションがある

「今回はどう書こうか」と迷わないために

では、「4行」ファイルをどのようにつくっていくのか。**そこで大切になるのが「型」だ。**先に、800字の小論文も論理の型があればラクに書けるとお話しした。この型を利用すれば、日常のさまざまな場面で、「今回はどう書こうか」と迷うことも、「ちゃんと話せるだろうか」とおどおどすることもなくなる。伝える作業がラクラクこなせるようになるのだ。

型は、

〈基本型の4行〉
〈結論先行型の4行〉
〈根拠優先型の4行〉

〈エピソード型の4行〉の4つがある。ひとつひとつ説明していこう。

まずは**〈基本型の4行〉**だ。

基本型の4行

①問題提起
②意見提示
③展開
④結論

週末の予定は映画でいいのだろうか。
確かに街へ出るのもいいが（しかし）、自然を楽しむのもいい。
ここのところ残業つづきでお互い疲れがたまっている。
人ごみは避けて山歩きにしよう。

これは先に紹介した、小論文の「4部構成」だ。「問題提起」で、自分が何について書く（話す）のかを示したうえで、「意見提示」でそれに対してどういう立場で主張するのかを明確にする。そして次に「こんな理由が考えられる」「過去にはこんなこともあった」というように話題を「展開」させ、最後に「結論」を述べる。

意見提示の部分の**「確かに〜」で反対意見を踏まえる形を示して、「しかし〜」と切り返すことができるので、最も論理的に自分の意見を伝えられる。**言いにくいことから褒め言葉まで、**何にでも使える万能な型**と言っていい。

説明文、論説文を読むときも、この型を頭に入れておくと理解が深まりやすい。

次が**〈結論先行型の4行〉**。

結論先行型の4行

①**結論**　週末は映画をやめて山歩きにしよう。
②**根拠1**　残業つづきでお互い疲れがたまっている。
③**根拠2**　休日に人ごみなんかに出たらますます疲れる。
④**根拠3**　たまには森林浴も必要だよ。

最初に結論を述べることで、**伝える内容がブレずにすむ。**相手も「なるほど、それが言いたいことなのだな」と瞬時に理解できる。**イエスかノーかをはっきり伝えたいときにはこの型が最適だ。**

特に立場上、相手に意見をはっきり伝えなければならないことがある。部下への命令や指示など、言いにくいことを言わなければならないときに使いやすい。

しかしこの型にもリスクはある。最初にガツンと伝えるので、相手が怒ってしまい、最後まで聞かない、または読まないということが起こる可能性はある。

そんなときは、次の型を使ってはどうだろう。

結論先行型の変形の**〈根拠優先型の4行〉**だ。

根拠優先型の4行

①根拠1	目の下にクマができてるよ。
②根拠2	残業つづきで疲れがたまってるんだよ。
③根拠3	たまには森林浴も必要だと思うよ。
④結論	だから週末は、映画はやめて山歩きにしよう。

この型は、**不利な状況でこちらの希望を通したいときなどに有効**だ。どちらかと言えば、**文書よりも話す場合に向いている。**根拠1、根拠2と話を進めるうちに、「どうも納得していないようだ」とか、「機嫌をそこねたかもしれない」と感じたら、相手に気づかれないように途中で話を止めたり、結論を曖昧にできる。ちょっと汚い手だが、うまくコミュニケーションを進めるうえで作戦が必要な場合もある。

文章の場合は、書いている途中に「これでは説得力がない」と気づけるのがいいところだ。

ただ、論理的に根拠を積み重ねることに慣れていない人は、途中で違うことを言い出す。それでは、元も子もないので、まず型をしっかり理解することが大事だ。

最後が**〈エピソード型の4行〉**。

エピソード型の4行

①きっかけ	今日雑誌で山歩きの特集を読んだよ。
②ストーリー	山歩きの記事がおもしろくて山に行きたくなったよ。
③クライマックス	◯◯山を1時間ほど登ればきれいな滝があるらしいよ。
④まとめ	どうせだから週末行ってみない？

メールやブログで、「こんなことがあったんだよ」と**体験談や目撃談をおもしろおかしく伝えたいときに適した型。**私が小学生に作文指導をするときにも、この型を使う。運動会や遠足などの体験を、読み手におもしろく伝えるにはこのフォーマットで書くのがいちばん手っ取り早い。

もちろん、友人や家族との**日常会話もこの形式でいい。**つまり、自分の体験をおもしろく聞き手に伝える方法といえる。

型を使えば発信頻度を上げられる

4行のイメージをもう少し詳しくお話ししよう。

400字詰め原稿用紙の1行が20字。これを目安にして考え、**1行が20〜30字の4行構成とする。**つまり、**4行全体で80〜100字ほどの情報量ということになる。**

以前、ラジオなどで「しゃべりのプロ」として活躍されている方にうかがったが、人が聞いていて心地よい情報量というものがあるらしい。つまりそれは、話す速さにも通じる。**聞きやすいのは、200字を30秒で話す速さ。そう考えると、4行全**

4行ファイルをつくるための4つの型

型	構成	使い方
基本型の4行	①問題提起 ②意見提示 ③展開 ④結論	「確かに～しかし～」を使い自論を主張でき、説得、言い訳、おだてなど、あらゆるケースに使える万能の型。
結論先行型の4行	①結論 ②根拠1 ③根拠2 ④根拠3	相手に意見をはっきり伝える必要があるとき、命令、指示など、立場上言わなくてはならないことがあるときなどに便利。
根拠優先型の4行	①根拠1 ②根拠2 ③根拠3 ④結論	上司への報告など言いにくいことを伝えるとき、不利な状況でこちらの希望を通したいときに有効。特に会話の場合は相手の反応を確かめながら話を進められる。
エピソード型の4行	①きっかけ ②ストーリー ③クライマックス ④まとめ	目撃談や体験談をおもしろおかしく伝えたいときに使いやすい型。所感、報告、ブログなどに。

体で80〜100字の情報量は、20秒弱ということになる。

講演会や大学の授業など、人前で話す機会が増えたので自分でも実験してみた。200字を何秒で話しているか計ってみると、確かに30秒ほどだ。

その情報量が聞き手にとってはっきり頭に残る量、そして、自分がしゃべるときに相手が黙って聞いてくれる量であり時間なのだろう。

このようなことを考慮しても、やはり4行＝80〜100字の情報量で1セットというのは、理にかなっていると言える。

このように「4行構成」が頭に入っていると、苦情を言わなければならないとき、同年輩あるいは年上の人を叱らなければならないとき、書きづらいメールを書くときなど、ああでもない、こうでもないと悩む必要はなくなる。

型があることで、大幅な時間短縮ができるわけだ。

では、次章以降で、「書く」「話す」「読む」それぞれについて、4行で短くまとめて伝えやすくする具体的な方法を紹介していこう。

第3章
「4行で書く」ことで伝わる文章になる

伝えたいことを決めて、適切な型を選べば書けたも同然

書くことの苦手意識はなぜ生まれるのか？

「文章が苦手」という人がいる。理由を尋ねると、「小学校のとき作文で苦労したから」「いつも人の何倍も時間がかかるので」といった答えが返ってくることが多い。根拠のない劣等感が、苦手意識を生み出しているようだ。

だが、何も書くことに極端な苦手意識を持つ必要などないのだ。なぜなら、ほとんどの人が文章の書き方の基本を教わっていないだけだからだ。

私は、これまで多くの著書で、「文は人なり」に異論を唱えてきた。この言葉が示すように、文章を書くというのは、ありのままの自分をさらけ出すことだと考える人が多い。確かに文章には、書き手の思想、性格、知性がにじみ出る。それはウソではない。でも、だからと言って、**バカ正直にありのままを書く必要はない**のだ。

それなのに、日本の学校教育では、「遠足で感じたことを書いてみましょう」という指導を行う。そこで、ほとんどの人がありのままを書こうとして苦労する。そして、書くことがどんどん嫌いになっていく。

だから、このように考えてみてほしい。**そもそも、書くという行為は、現実の一部を切り取って脚色することだ。**何から何まで現実のとおりに書いていたら、文章はとめどもなく長くなる。そして、伝わりにくくなる。だから、現実を誇張するなどして演出を施し、読みやすい文章にする。ウソを書いてもいいのだ。もちろんまったくのでっち上げはダメだが、多少の脚色はいい。

そう考えると、書くべき内容を吟味し、相手が読みやすい形にしつらえることも演出と言える。そのための究極のテクニックが「4行」の型なのだ。

すぐ読んでもらえるビジネスメールを書くには？

ところが、「型にはめると個性のない文章になってしまうのではないか」「たった4行で伝えたいことが全部伝えられるのか」という疑問を持たれる方がいる。

実は、そのような心配もない。型に当てはめて書くことで、文章は論理的になる。論理的でわかりやすい文章にするために、一文を吟味するようになる。そこで個性も凝縮される。**型どおりに書くからといって無個性になるということはない。**

また、論理的に書けるということは、伝えるべきことを理解し、頭の中でまとめられているということだ。**ダラダラ書かずにすむぶん、たった4行で伝えたいことを整理して書ける。**ビジネスの報告書やメールでは、この方法は多大な効果を発揮する。

では、4行の4つの型について、いよいよ具体的な例を挙げながらお話ししていこう。

〈例1〉一般的なビジネスメール

先日は長時間にわたる打ち合わせ、お疲れさまでした。

ご提案いただいた「5社合同定例ランチミーティング」の件、さすがアイデ

アマンと呼ばれる田中さんならではの企画だと感心し、たいへん興味を持ちました。各社の若い担当者にとっても勉強になると思います。このようなことは私も今まで経験がなく、ぜひ勉強させていただきたく、早速、上司に相談しましたが、私が参加させていただく目的をもっとはっきりさせるようにと指示を受けました。

少し時間をいただいてからお返事したいと思います。

では、失礼いたします。

たとえば、仕事上の知り合いから、「5社合同定例ランチミーティング」という、交流会の企画を持ちかけられたとする。ビジネスにおいて、このようなことは頻繁に起こるだろう。このメールは打診を受けた提案に対するお礼が主な内容だが、これでは**賛同しているのか、そうではないのか、スタンスがはっきりしない。**

この場合、企画提案者の立場からすると、「まずは取り急ぎお礼まで」というメールよりも、もっとスタンスをきちんと伝えてくれることを望んでいるはずだ。

それにこのメールは、内容的な密度が薄いわりにかなり長文だ。これに似たメールが同時に、取り急ぎのお礼として届いたら、**受け手はほとんど中身を覚えていないだろう。**どれも同じで印象に残らないからだ。

そこでこんなふうに〈基本型の4行〉を応用して書いてみると、相手に伝わりやすくなる。

〈基本型の4行〉の応用

①問題提起	先日の「5社合同定例ランチミーティング」の打ち合わせ、たいへん有意義でした。
②意見提示	上司からは、参加の目的をもっとはっきりさせるようにと指示を受けましたが、このような会はまず始動させることが肝要かと存じます。
③展開	業界若手の横のつながりは、今後、さまざまな場面で必要に

④結論

なるでしょう。
さすがアイデアマンと呼ばれる田中さんならではの企画に、ぜひ私も参加させていただきますので今後ともよろしくお願いいたします。

この型のポイントは、②意見提示の部分で「確かに〜しかし〜」を使い、論を深める点だ。「確かに上司は〜と反論しました」「しかし私は〜の理由で始動させることが大事と考える」というふうに、反対意見を踏まえて、自論を展開できる。

さらに反対意見にまで言及していることで、物事のプラス面とマイナス面が見えていることをアピールできる。**「視野が広い」「多様な考え方ができる人だ」という好印象を与えられ、つまりは頭のいい伝え方ができる**というわけだ。

またこの型は、自分の意見をはっきり伝えるのが苦手な人にとって、**いい思考の訓練になる。**「確かに〜しかし〜」の構文を使おうとすれば、おのずと「しかし〜だ」の部分を意識せざるを得ない。いつも考えが曖昧で、イエスかノーかを決めるのが苦手な人も、このように書き出してしまえば、何かしらの結論を持って書き進めることができる。

結局、自分の意見を短くまとめて相手にきちんと伝えられないということは、そもそも自分の考えがまとまっていないというのが真理ではないだろうか。自分の頭の中ではなんとなくまとまっているつもりなのだが、いざ表現してみると曖昧模糊《あいまいもこ》として、少しも論理的でない。これは、ほんとうの意味でまとまっていないということなのだ。

小論文を書き慣れていない高校生がこの型を使って書くと、「しかし～」と書いた後で、また「しかし～」と展開してしまい、自分で書いた意見を自分で否定して論理がめちゃくちゃになってしまうことがある。それでますます意味不明の文章になる。

しかし、「できるだけ4行で短く型に収める」と意識していれば、そのような混乱はなくなる。**4行という制約があることで、短くすっきりさせつつ、言いたいことを的確にまとめられる。**

同じ内容を、**〈結論先行型の4行〉**を応用して書くと、次のようになる。

〈結論先行型の4行〉の応用

①結論
②根拠1
③根拠2
④根拠3

先日ご提案いただいた「5社合同定例ランチミーティング」の件、ぜひ参加させていただきたく、ご連絡差し上げます。

この企画は、各社の若い担当者にとってたいへんいい勉強になると思います。

私が現在関わっている別のプロジェクトにもおおいに役立ちそうです。

なにより、業界でもアイデアマンとして知られる田中さんの企画に参加できるとあり、今からワクワクしておりますので、何卒よろしくお願いいたします。

ビジネスにおいて、相手のスタンスを探るというのはよくあることだ。この企画を会社やプロジェクトとしてどう考えているのか、個人レベルではどうなのか、常に腹を探り合いながら仕事を進める面がある。

「賛同していますよ」「納得できないので反対」と、スタンスを明快にしたほうがいい場合、〈結論先行型の4行〉がうってつけだ。

まず結論を書いて、その後にそう考える根拠を挙げていく。最初にズバリと伝えたい内容を書くので、こちらのスタンスが相手に伝わりやすい。**非常に簡潔にまとめることができ、分量も少なめですむのが特徴だ。**

ただ、根拠を挙げる際、相手に気を遣ったり、おだての要素を盛り込もうとすると、2行目以降がダラダラと長くなることがある。相手を褒めているのだから、どれだけ長く書いても許されるだろうと考え、結果的に冗長な文章になる。そのリスクも、型にはめることで回避できる。

〈結論先行型の4行〉は、書き手のスタンスを最初にズバリと伝えられるのがいいところだが、前述したように読み手が冒頭でカチンときて最後まで読んでもらえないということも起こりうる。また、**言いにくいことを伝えなければならず、1行目から結論を書きづらい場合**もある。

そのようなケースでは、**〈根拠優先型の4行〉**がいい。

〈根拠優先型の4行〉の応用

①根拠1	先日ご提案いただいた「5社合同定例ランチミーティング」の件ですが、実は上司から「参加目的を明確に」との指示を受け、返信が遅くなってしまいました。
②根拠2	私としては、各社の若い担当者にとって勉強になると確信していますが、期間、メンバー、予算などに関する詳細の決定後でないと、部としての許可がおりないようです。
③根拠3	また、私ごとですが、現在抱えているプロジェクトの定例打

ち合わせと時間帯が重なる可能性が高いのも気がかりです。アイデアマンと呼ばれる田中さんならではの企画にたいへん興味を持ちましたが、今回は辞退させていただくほかないようで、非常に残念です。

④**結論**

先に根拠を挙げて、最後に結論を述べるパターン。**最初から「何気なく結論をにおわせておいて」、次第に根拠を積み上げ、最終的に納得させる。**

この文例で言えば、最初の1行で「上司からの指示」という横やりが入ったことを書く。次に部としての意向、自分の都合というふうに根拠を重ね、あたかも自分の意志よりも他方面からの制約によって「辞退せざるを得ない」という方向にもっていく。

実はこの型も、思考を深めるのに役立つ。根拠1、根拠2、根拠3とつづけていくうちに、途中で「これでは説得力がないのでは」と気づくことができる。もしそうならば書き換えればいいし、あまりに説得力がないようなら、他の型にチェンジすればいい。

反対に、他にもっと注目すべき視点はないか、見落としているポイントはないかと、考えながら書き進めるうちに、さらに新たな根拠を発見することもある。これは書くという行為だからこそだ。

文章で相手に伝える場合、相手は目の前にいない。だから何度でも推敲できるし、作戦失敗だと感じれば変更すればいい。こうした作業をくり返し行い、4行で書く訓練をするうちに、書く力がみるみるついてくる。

さて、最後の**〈エピソード型の4行〉**では、どのようになるだろうか。

〈エピソード型の4行〉の応用

①きっかけ	田中さん、先日の「5社合同定例ランチミーティング」について朗報があります。

②**ストーリー**
③**クライマックス**
④**まとめ**

さきほど、打ち合わせのとき噂していたX社の山崎さんにばったりお会いしました。

早速、企画の件をお伝えしたら、「ぜひ参加させてほしい」とのことで、「さすがアイデアマンの田中さんだな～」とおっしゃっていましたよ。

来週には、期間、メンバー、予算など詳細を詰めましょう、よろしくお願いします。


相手との関係性、距離感によっては、このようなラフな文章のほうがぐっと心をつかめる。

この型を生かすポイントは、なんといってもエピソードのおもしろさと新鮮さ。**読み手を楽しませると同時に、何かしら新しい情報を提示するつもりで書くといい。**

ただし、自分の体験を中心とした話題では、相手は自慢や自己満足としか受け取れない。**〝自分語り〟にならないよう注意が必要だ。**

4つの4行の型についておわかりいただけたと思う。

型の種類と、4行に何を書くべきかが頭に入っているだけで、日頃のビジネスメールに費やす時間は大幅に短縮できるのだ。もちろんビジネスメールだけではない。報告書や企画書なども、基本はこれら4つの型の拡大版と思えばいい。

「前置きが長い！」はこう解消する

丁寧に書いたつもりでも伝わらなければ意味がない

受け取ったとき最も困惑するのが、前置きが長いメールだ。当然、頭から読み進めていくのだが、いつになっても何の用件かわからない。お礼や、その日の気候について、またはこちらの体調を気遣うような文章が延々とつづき、最後になってやっと「これが主題だったのか」とわかる。

前置きが長くなる理由は、主に二つある。ひとつは、**単に丁寧に書きすぎる**。相手に失礼のないようにと慮《おもんぱか》り、丁寧に書くことが美徳だと思っているのだろう。もうひとつは、**書きにくい内容だから言い訳をして前置きが長くなってしまう**。

どちらかと言えば、後者には自覚症状がある。「困ったな」「どう書けば先方がこちらの都合を理解してくれるだろう……」などと、あれこれ文面を工夫するうちに

「長くなってしまったなぁ」と反省しつつ送るわけだ。また、曖昧に書くことで「これでこちらの心情をわかってもらえるのではないか」という確信犯的な甘えがある。このパターンについては後で述べる。

まずここで取り上げたいのは、丁寧に書きすぎていることを自覚できないまま、前置きが長くなっているケースだ。もちろんこれも、4行の型を利用することで改善できる。

〈例2〉前置きの長いビジネスメール

関係各位

先日は電子書籍対策会議にご参加くださりありがとうございました。

長時間にわたり白熱した議論が百出しましたね。

対策委員会としても、皆さんの関心の高さに頼もしさを感じました。

今後も継続的に世間の動向を見ながら、話し合っていきたいと思いますので、引き続き、営業の方は営業現場で、編集の方は他社や著者との話題の中から、総務の方は取引先の方からなど、部署それぞれに情報収集をお願いいたします。

また、会社にたくさんの売り込みがきています。対策委員会ではそうした売り込みのそれぞれの条件やメリット・デメリットをまとめています。それを持ち寄って、次回7月9日(金)の対策会議でご報告したいと思っています。

電子書籍化の動きを前向きに受け止め、新しいビジネスチャンスととらえて、積極的に次回会議にもご参加くださいますよう、お願いいたします。

7月1日

電子書籍対策委員会

以前はこのような「関係各位」にいっせいに配られる文書は、紙だった。見栄えの面でも、それなりの分量が必要だったかもしれない。しかし今は、こうした社内文書のほとんどがメールだ。それだけ、ビジネスにおいて情報発信の頻度は増え、手軽になっているわけだ。

だから、日常的なビジネスメールほど、「丁寧さ＝長さ」とならない工夫が絶対に必要なのだ。長いメールは、書くほうにも、読むほうにも、ムダな時間が生じるため経済効率が悪いのは言うまでもない。

せっかく書いたのに読んでもらえない、または、読んだけれど目的がいまひとつわからないと言われないため、**「丁寧さ＝長さ」から脱却し、「丁寧＝簡潔さ」となるよう、4行の型を応用して要約するクセをつけるといい。**

この文例の場合は、とにかく**いちばん伝えたいことが何かをはっきりさせること**だ。

〈基本型の4行〉の応用

①問題提起	先日は電子書籍対策会議にご参加くださりありがとうございました。

②**意見提示**

対策委員会としても、部署ごとの情報を有効活用できるよう、今後も継続的に話し合いの機会を持とうと考えています。

③**展開**

早速、7月9日（金）に、当社に届いているたくさんの売り込みについて、まとめてご報告したいと思っています。

④**結論**

電子書籍化の動きをビジネスチャンスととらえて、積極的に次回会議にもご参加くださいますよう、お願いいたします。

要約するとたった4行ですむ内容を、ダラダラと書いているケースは実に多い。ただ、ビジネスメールは誰もチェックしてくれないので、自分で気づいて直すしかない。

自己チェックを怠らない姿勢が大切だ。

書きにくい内容ほど長くなる

もうひとつの例として、次の文章を挙げる。

〈例3〉言い訳がダラダラつづくメール

金田三郎様

金田先生には、平素より格別のご指導を賜り、誠にありがとうございます。

このたび弊社では、新たにシンガポール進出を目指す企業を対象に、セミナーを開催することとなりました。以前、金田先生にお願いした講演会「シンガポール経済事情」が弊社の社員に大好評でした。あれから先生のファンになり、著書を読んだという若い社員もたくさんおります。今回セミナーを開くにあたり、ぜひとも金田先生にお願いしたいという声が多数あり、お願いの運びとなりました。

　先生のわかりやすい語り口と、豊かなデータがあれば、他の方では実現しない、充実したいいセミナーになること間違いないと確信しております。ただ、実はこちらの都合でたいへん申し訳ないのですが、このセミナーを緊急で企画したため、予算が潤沢ではありません。昨年は、このような業界の変化を先読みすることができず、企画そのものが立案されておらず予算に計上されていないためです。また、セミナー開催日が2週間後と差し迫っており、急なお願いとなってしまい恐縮しております。このような状態ですが、お引き受けいただけるのであればありがたく存じます。

　ご多用中たいへん恐縮ではございますが、何卒ご高配賜りたくお願い申し上げます。


この文章の前半は、これから言いにくいことを書くため最初に相手を持ち上げておこうという思いから、言い訳の文面になってしまっている。

実は、私もこのタイプのメールを頻繁に受け取る。要は、お願いごとがあるのだが、「十分なお支払いができず……」「非常に緊急で……」という条件がつく。だが、そうした条件面のことは、私の場合はあまり気にしていないし、依頼先の事情もよくわかる。講演会にもいろいろあるのは、こちらは納得ずみなのだ。だから余計にこのようなメールを受け取ると、読むのに閉口してしまう。

小論文を例にとっても、同じことが言える。小論文はある課題に対してイエスかノーかを書くものだが、説得する根拠が曖昧だったり、書くべき知識に自信がないと、それを隠そうとして冗長な文章になる学生が多い。**後ろめたさを持ったまま文章を書くと、読み手の興味を引きつけるようなものにはならず、むしろ嫌な気持ちにさせてしまう。**それでは、せっかく文章を書いた意味がない。

では、**〈基本型の4行〉**を応用して書いた文章を見てみよう。

〈基本型の４行〉の応用

金田三郎様

①問題提起　金田先生には、平素より格別のご指導を賜り、誠にありがとうございます。

②意見提示　このたび弊社では、新たにシンガポール進出を目指す企業を対象にセミナーを開催することとなり、シンガポール事情の第一人者である金田先生にお願いしたいと考えています。

③展開　お察しのとおり、予算が潤沢ではなく、セミナー開催日が差し迫っておりますが、世界情勢についてわれわれがもっと勉強すべき今こそ、先生にお力を貸していただきたく存じます。

④結論　ご多用中たいへん恐縮ではございますが、前講演会に引き続

き、何卒ご高配賜りたくお願い申し上げます。

前半の前置き、後半の言い訳とともに、4行の型があれば感情に流されてダラダラ書くことはなくなる。分量もぐっと減らせる。

ここで最初に挙げた2例のような文章を書いている人は、話し方も似たようにダラダラしていることが多い。要するに、伝えたい内容を頭の中で要約できていないからだ。**4行で書くクセをつけておけば、話し方にも如実に変化が表れる。**それについては後の章で詳しくお話ししていこう。

相手を喜ばせるメールも大幅時間短縮

どんな「戦略」でいくかをまず決める

文章を短くまとめつつ、読み手にインパクトを与えるにはコツがある。

そもそも文章を書くというのは、自分に何か言いたいことがあるからだ。だから、言語を使ってそれを人に伝えようとする。

しかし、言いたいことはあるはずなのに、書きはじめると「まとまらない……」と頭を抱えてしまう。何も壮大な論文や著書を執筆する場合にかぎらず、日頃のちょっとしたメモやメールも同じだ。そのうち書くのが面倒になり、やがて「文章は苦手だ」と自信をなくし、書く機会を遠ざけるようになる。

このような悪循環に陥らないために必要なのが、自分が相手に何を伝えようとしているのかを明確にしてから、書きはじめることだ。

ここで言う「伝えようとしていること」とは、「書くべき内容」ではない。言ってみれば、読んだ相手にどう思わせたいかという「戦略的内容」だ。

たとえば、部下にとってハードルの高い仕事を任せたとする。仕事ぶりを見守りつつ、「音《ね》をあげそうになったら、救いの手を差し伸べてやろう」と思っていたが、部下にはいっこうにその気配がない。するると期日よりも早く、見事に自力で仕事を仕上げてきた。仕事の中身をチェックしてみると、ちゃんとできている。

ここはひとつ、部下を思い切り褒《ほ》めてやりたいと考える。そういえば、数日前に「たるんでるんじゃないか」と叱りつけたばかりだ。あれが効《き》いたのかもしれない。その反面、「根に持っているんじゃないか……」という不安もよぎる。

もしそうならば、「イヤな上司」というレッテルを貼られないよう、いい印象を植えつけたい。いろいろな思いが交錯すると、「さて、どうメールを書けばいいものか」と悩んでしまう。このような場合も、4行の型を使って、簡潔に褒めることができる。

では、**〈基本型の4行〉**を応用して部下を褒めるメールを書いてみよう。

〈基本型の4行〉の応用

①問題提起	企画書を読み、やはりこの仕事を君に任せて正解だったと確信しました。
②意見提示	P社からの突然の方針変更にもかかわらず、この短期間でよくまとめましたね。
③展開	この調子なら来週のプレゼンまでに、入念な作戦会議ができそうです。
④結論	まずは明日の会議で、部内の調整をはかりましょう。

このメールを上司からもらって喜ばない部下はいないだろう。仮に叱られたことを根に持っていたとしても、仕事をやり遂げた達成感と仕事ぶりを認めてもらえた

充実感から、上司に対する心情がプラスに変化することは間違いない。

上司への辛口な進言もこれでスムーズに

この例の場合の書くべきこと、つまり「戦略的内容」は、「部下の仕事ぶりを褒めて、悪い印象を払拭する」ということだ。つまり、**相手の立場を理解したうえで、相手が求めているものを提示する。それができれば、読み手の心をぐっとつかむことができる。**

一方で、相手の立場を理解したうえで、相手が困惑するようなことをわざと示して、心を動かす戦略もある。たとえば、泣き落とし、おどし、威嚇といった方法だ。

いずれの場合も、相手にこう思わせたいというところまで先読みして文章を書くことで、つかんだ相手の心をさらに自分に引き寄せることができる。**人の心を揺さぶる文章とは、レトリックを駆使した美文だと思い込んでいる人がいるが、それは大きな間違いなのだ。**

日本人はことのほか褒めるのが下手だ。しかし、苦手なのは褒めることだけではない。ほんとうは厭味《いやみ》のひとつも盛り込んでやりたいのだが、人間関係に波風を立てるのを嫌って無難な文章ですませてしまう。もう少しうまく書けば、相手のプライドをくすぐりながら、手助けを得られるのに、その手前であきらめてしまう。

こうしたことが日常頻繁に起こるのは、何事も曖昧に終わらせようという日本人特有の気質だけでなく、戦略的な文章の書き方を知らないからにほかならない。

そこでここでも、戦略的に書くために役立つのが4行の型だ。

たとえば、先の部下を褒める例文は**〈基本型の4行〉**を使った。「P社からの突然の方針変更があったが、しかし〜」と、「確かに〜しかし〜」の構文を利用することで、2行目で褒める内容に説得力を持たせている。

どの行に何を書けばいいかが明白なので、迷うことなく4行を構成することができるのだ。

では、相手に「その考えを改めたほうがいい」と説得したいときはどうすればいいだろう。もちろん**〈基本型の4行〉**の応用でもいいが、**〈根拠優先型の4行〉**を用い、根拠1、根拠2、根拠3と挙げ、最後の結論部分で、「あなたのアイデアを実行すると、このように悪い結果をもたらすのは目に見えていますが、それでもいいのですか」と、言葉巧みに圧力をかけるほうが効果的だろう。つまり、「おどし」には**〈根拠優先型の4行〉**が適切と言える。

根拠優先型の4行

①根拠1
②根拠2
③根拠3
④結論

先日の企画書を拝見しましたが、新商品Aの発売は時期尚早ではないかと感じました。

前作に携わるプロモーション部もまだ精力的に活動中です。

他社の動向を見守る必要もあると思います。

この企画を実現させるのならば、プロジェクトチーム結成のための人員調整など、多大な時間と手間がかかり、課長である木村君自身の仕事にも影響しかねないと思います。

このように、自分がいちばん伝えたいことを4行の中のポイントとなる1行に盛り込む。つまり、4行の型が頭に入っていれば、自分のスタンスを決めやすくなり、「褒める」「おどす」といった目的から照準がブレなくなるというわけだ。

「おだて」「威嚇」を盛り込んでインパクトアップ

褒める、おだてる、威嚇する、泣き落とすといった戦略的な働きかけは、日常会話の中で誰でも無意識に行っていることだ。しかし、これを意識的にやろうとすると難しい。面と向かって言うにはタイミングをはかる必要がある。それに褒める場合などは特に気恥ずかしさが生じる。

ところが同じ言いにくい内容でも、文章ならば言葉にしやすい。だから、ここぞというときこそ、相手の心に響く文章を書く力が必要なのだ。

そのための最優先条件が、短くまとまっていることなのは言うまでもない。褒め言葉や泣き落としをダラダラと書き連ねても、おそらく相手は最後まで読んでくれない。仮に読んだとしても心を動かせない。それでは意味がないのだ。

しかし、**4行の型をうまく使えば、アメもムチも毒も、すべてたった4行の中に落とし込むことができる。**しかも、何度でも書き直すことができるのもいい点だ。

また、型があるのですぐ対応ができる。「どう書けばいいだろう」と時間を浪費することなく、ここぞというタイミングを逃さずに相手の心をつかむことができるのだ。

さらにいいのは、褒める場合でも、パターンを変えて書けることだ。たとえば先の部下を褒める例で**〈根拠優先型の4行〉**を使ってみるとこうなる。

根拠優先型の4行

①根拠1	P社からの突然の方針変更にもかかわらず、この短期間でよく企画書をまとめましたね。
②根拠2	修正する部分は見当たりません。
③根拠3	レイアウトも数倍見やすくなっています。

④結論　――やはりこの仕事を君に任せて正解でした！

先に根拠を並べて、最後に率直な褒め言葉で締める。4行の型を使い慣れてくると、相手や状況に応じて、自在にパターンを選び、文章をまとめられるようになるのだ。

さまざまな状況に対応できるよう、最終章に文例集をつけた。人の心をつかむ伝え方を会得するためにおおいに活用してほしい。

フォーマットがあるものは、個性発揮で差をつける

報告書のレベルはもっと上げられる

ビジネスにはさまざまな文章がある。社内文書には、報告書、企画書、始末書、稟議《りんぎ》書など。社外文書には、挨拶状、詫び状、依頼状、断り状といった種類がある。そして多くの場合、これらの文書には、会社や業種によって異なるフォーマットが用意されている。

フォーマットがあることで、書くべき内容が定められ手間が省けるのだが、だからと言ってすべてを簡単に書き上げられるわけではないようだ。

たいていの場合、書くのに困るのが報告書にある「所感」「研修を終えての感想」などの箇所だ。この部分は、いわば自由作文のようなものだ。必要事項を頭から埋めていくと、十分に書いたような気になり、最後のいちばん大事な「所感」の

ところがおざなりになってしまう。

しかし上司はこの部分を読みたくて、報告書を書かせるのだということを忘れてはならない。

〈例4〉研修会受講報告書の書き方

このたび、左記の研修会に参加いたしましたので、ご報告いたします。

記

●研修テーマ　ロジカルスピーキングの理論と実践
●開催日時　平成○年○月○日
●開催場所　サンライズホテル　鳳凰の間
●講師　財団法人　フューチャー人材育成委員　○○○○氏

●研修内容

主たる講義内容は左記の通り
（1）論理的な話し方についての解説
（2）実践的な話の組み立て方
（3）演習形式によるスピーチ

●研修を終えての感想

ビジネスにおいて欠かせない論理的な話し方について、初めて研修を受け、たいへん役に立ちました。論理的に話すとはどういうことか、理論と実践の両面から学ぶことができ、今後に生かせることは間違いありません。

日頃のビジネス上の連絡や打ち合わせのメールとは違い、ビジネス文書の文章はこのように形式的になりがちだ。だが、上司はこれを読んでどう思うだろう。どんな研修だったかわからないだけでなく、当事者がどのように感じたのかがまったく伝わらない。これでは、評価につながらない。

ビジネスで文章を書くということは、必ず誰かに評価されていると考えるべきだ。それは日頃のメールかもしれないし、普段適当に書き流している営業日誌かもしれないし、こうした報告書かもしれないのだ。

実は、できる人はそれをよくわかっている。だから、ちょっとした連絡メールにも手を抜かない。**コンパクトかつ明瞭に伝える工夫をしている。**

つまり、会社で必須とされているこのような報告書を提出する機会は自己アピールのチャンスなのだ。そう考えれば、おのずと書き方が見えてくる。

さて、**この手のビジネス文書の「所感」で大事なポイントは2つある。それは、具体性と客観性だ。**

具体性に重きを置くと、このように書ける。

〈結論先行型の4行〉の応用

研修を終えての感想

①結論	非常に密度の濃い研修で、我が社の若手社員は全員参加すべきだと感じました。
②根拠1	まず、解説を聞くだけで、ビジネスにおいて論理的に話すことがどれだけ必要かがわかり、目からうろこが落ちる思いでした。
③根拠2	また、これまで本を読んだだけではなかなか理解できなかった、フレームワークを利用した話し方のコツがつかめたことも大きな収穫となりました。
④根拠3	実践的な話の組み立て方の研修ノウハウは、そのまま我が社の営業教育に利用できると感じましたので、次回の会議で提案したいと思います。

研修に対してプラスのスタンスをとる場合、そのよさを伝えようとすると、研修の中身まで踏み込んだ内容になる。**具体的な事柄を挙げることで、研修の現場で感じたリアルな感想が言葉となって出てくる。**

それこそ、読み手＝上司が求めていることだ。上司がこの報告書で知りたいのは、出来事の羅列や紋切り型の感想ではなく、部下個人の考えなのだ。

それを自覚できていれば、このように研修で自分が得たことや考えたことをメインに文章を構成できる。自己アピール度がぐっと上がるのが、おわかりいただけるだろう。

もうひとつのポイントが客観性だ。これについて、まず例を見てもらおう。

〈基本型の４行〉の応用

①問題提起	今回の研修は、我が営業部を代表し私を含め３人が参加しました。
②意見提示	これまで本を読んだだけではなかなか理解できなかった、フレームワークを利用した話し方のコツがつかめたことは確かで

すが、それをすぐ仕事の現場で生かすのは難しいと感じました。たった半日の演習では、部の他のスタッフにスキルを伝えるほど深く理解できません。

③**展開**

そもそも若手にこそこうしたスキルを身につけてほしいのに、なぜ全員参加としなかったのか、私ども中堅社員としては疑問が残りました。

④**結論**

報告を求められている事柄に対して、社会人○年生としてどう感じたか、会社としてそうした機会を社員に与えることに対してどう考えるか、また研修そのものの価値を世間の情勢に照らし合わせてどうとらえるか。一個人の感想にとどまらず、そこに客観的な視点をプラスすることで、たった数行の所感に深みが増す。

報告書は上司が目を通すものだから、つい「よい子」を演じてしまう。だが、この例のように**客観的な視点で一社員としての考えを盛り込めば、ひと味違う文章になる**のだ。

たとえば、小学生の作文も「よい子」のスタンスが多い。先生が読むとわかっているから、つい刷り込まれた「よい子像」を演じてしまうのだ。だが、そうした作文は言うまでもなくおもしろくない。

そこで私は**「ひねくれて考えてみてごらん」**と指導する。「遠足」がテーマだとしよう。クラス全員が同じ日、同じ場所から同じ場所へ移動し、同じものを見たり体験したりするわけだが、全員が同じ感想や印象を抱くわけではない。それなのに皆同じような作文になってしまうのは、人と違う何かを発見してやろうという発想がないからだ。

ひねくれて考えるということは、当たり前のことを疑ってみる、批判精神を発揮するということだ。実はこの視点が、人と違うキラリと光る作文を書くコツだ。もちろんそれは小論文も同じ。そして、ビジネスにおける報告書も同様なのだ。

つまり、**具体的な情報、考えで自己アピールするか、客観的な視点を利用して読み手を驚かせるか。**この二つのポイントを頭に入れておけば、周囲に差をつけるビジネス文書が書けるようになる。

経緯説明が必要な文書は「4行要約」をうまく利用する

フォーマットがあるが、それを使わずに書かなければならない場合もある。たとえば、クレーム報告書、会議報告書、事故報告書といった類になるだろうか。こうした文書は、ケース別に書く内容が変わってくるため、出来事の重要度、深刻度によっては、一から文章を起こさなければならない。

特に要注意なのが、経緯説明が必要なクレーム報告や事故報告だ。ダラダラと書いてしまい読みづらいものになりがちなのだが、経緯説明を4行でまとめるのは無理がある。そこでやはり「いつ、どこで、何が（誰が）、何をして、どうなった」という順序で、それぞれに必要な情報を盛り込みながら書くのが王道だ。

文章が冗長になりそうな場合は、経緯ごとに見出しをつけて箇条書きのようにまとめる工夫をすればよい。

そして、**報告書の頭に、全文の内容を説明する「4行要約」をつける**ことをお勧めする。報告書の頭にダイジェスト版をつけることで、以後につづく全体像が予想でき、読みやすくなる。使うのは**〈基本型の4行〉**がベストだろう。

基本型の4行

①問題提起	3月20日(金)にフードホープ様より届いた、当社商品「ハーブソーセージ」の賞味期限の印刷欠落のクレームについて報告いたします。
②意見提示	クレームを受け、調査した結果、印刷欠落は印刷機械Aの故障と判明し、現在、修理点検中です。
③展開	印刷欠落商品の発見は幸いお客様の購入前でしたので、おそらくここ2日のうちには全品回収が終了する予定です。
④結論	明日午後、フードホープ様をはじめとする問屋様へのお詫びにうかがいます。

ここで必要なのは、大まかな経緯と対策だ。トラブルが起こったが収束へ向かっている、というシナリオで書く。クレームが社に届くまでの詳細や、現場責任者としての謝罪の言葉は、本文でじっくり書けばいい。

最初に全文を書いてから「4行要約」にまとめるのではなく、先に4行を書いてから全文を書く。それによって、文章全体の構成やメリハリのつけ方などの目処が立つ。箇条書きにする場合も、項目の立て方の予測が立つ。実はこれは、長い文章を論理的に書く訓練にもなる。

第4章

発信力をアップさせる「4行で読む」テクニック

読む力は伝える力を支える〝縁の下の力持ち〟

〝話のわかる人〟になるための「読む」「聞く」

私はこれまでたくさんの本を書いてきた。人生で最初の著書の小論文指導本は、確か3日間で書き上げた。それがロングセラーとなり、さまざまな一般書も手掛けるようになって、そのうちの1冊が250万部を超える大ベストセラーになった。

その後、書く本のテーマはさらに多岐にわたり、今では著書は200冊を超える。自慢じゃないが、私は書くスピードが速い。だが本を読むスピードは、もっと速かった。今でこそ読書に割く時間はあまりとれないが、以前は平均で1日に1冊以上、つまり年間で365冊以上読んでいた。私の書くスピードが速いのは、実は、これまでにたくさんの本を読んできたことと無関係ではないと考えている。

「読む」というのは、受信する行為だ。

私たちは日々、さまざまなものを読む。専門書、小説、新聞の論説、週刊誌のゴシップネタ、ネットの情報、仕事関係の資料、ビジネスメール、プライベートのメール……。硬派な文章もあれば、くだけた会話調のものもある。

文章を読むということは、それらの書き手の主張を読み取ることだ。書かれている内容を受け止め、同意したり、反論したり、疑問を感じたりしながら、自分と対話し思考を深めていく。このような作業が頭の中でくり返されているから、**本を読めば単に知識を得られるだけでなく、考える力がつくのだ。**それがすなわち、「書く」「話す」といった発信をする際に役立つ。

つまり、**発信力を鍛えるには、「読む」という受信をおろそかにしてはいけない。**発信力と受信力はまさに車の両輪で、どちらが欠けてもダメなのだ。

だからこそ、私は「書く」「話す」ことの重要性を説きながら、「読む」ことの大切さについても主張してきた。だが、現代人は本を読まなくなっている。それは小説や実用書に親しむ機会が減っているという、いわゆる〝読書離れ〟を指すだけではない。

たとえば、何か調べものをする場合、昔は図書館へ足を運んで難解な専門書と対峙したものだ。要点をまとめ、メモをとることで、内容を理解する工夫をした。しかし今は、インターネットで検索すれば、たいていのことはわかってしまう。それが表層的な理解だとしても、役に立たないわけではないので、それで満足してしまう。内容を忘れてしまっても、たいして困らないのかもしれない。また検索すればすむ話だ。

世の中はデジタル化され、皆、その恩恵に浴している。それはそれでいいのだが、いざというときいちばん頼りになるのは、一時的に記憶した受け売りの情報や言葉ではなく、自分の頭で受信し咀嚼《そしゃく》した情報や知識だということを忘れてはならない。

ブログも読み方しだいで理解力アップにつながる

実は、文章を読むのが受信なのと同様に、人の話を聞くのも受信だ。**相手の話を正しく聞き取れる人は、共感したり、矛盾点を突いたり、的確な質問をしたりしながら、相手の話を理解すると同時に、自分の考えも深めていける。**

つまり、「読む」と「聞く」は、理解へたどりつく過程が似ている。だから、**「読む」ことは「聞く」こと**だと、私は考えている。

多くの方が、インターネットで日々誰かのブログを読んでいるはずだ。現代人にとってインターネットが欠かせないツールであると同様に、ブログを読むという行為もはずせないものになりつつある。

私自身がインターネットで最も頻繁に利用するのは、クラシック音楽に関するブログだ。自分が足を運んだコンサートについて、他の人がどのような感想を抱いたかを知るのはおもしろい。ブログを読むうちに、その人の音楽的知識のレベルや経験値もわかってくる。そうした情報を踏まえたうえで、私が頻繁にのぞくのは、書き手の主観的なザラザラしたものを感じられるブログだ。

私と好きな作曲家や指揮者が似ていても、まったく違う感想を書く人がいる。私が気づかなかったことや、「それは違うだろう」と反論したくなるようなことを書いている場合もある。音楽ファンの間で、「素晴らしい！」と絶賛されたコンサートなどについてけなしていると、ますます興味をひかれる。「なぜそう感じたのだろう」「その点についてもっと知りたい」というふうに、頭の中に次々と質問が浮かぶ。

ブログは、論説文や説明文と違い、話し言葉で書かれていることがほとんどだ。だからこそ、書き手の解釈や嗜好がくっきりと浮かび上がる。それが「書き手の主観的なザラザラしたもの」となって表れる。

私はそれを読み取って楽しんでいるのだが、その行為はまさに会話しながらその人の話を聞き取っていることにほかならない。

このように、書き手のスタンスや解釈を「聞き取る」ことは、「読み取る」力をつけていくことと無関係ではない。**つまり、読む力・聞く力があれば、メールや日常の会話で、相手のスタンスや言いたい内容を的確に理解できる。**そうすればおのずと、どういう伝え方をすれば相手の心を動かすことができるかが見えてくる。

本章ではいくつかの例を挙げながら、伝える技術向上のための、読む力・聞く力をつける方法と、それらを日々の知的作業やコミュニケーションに生かす方法をお話ししていく。

一度読んだ文章なのに、なぜ頭に残っていないのか

「確かに〜しかし〜」が文章を読み解くカギ

よく、「読んだのに頭に残っていない」という人がいる。もちろん、何から何まですべて忘れてしまったわけではないのだが、**「で、それはどういう内容だったの?」と聞かれると、うまく説明できない。**

言うまでもなく、これは頭が悪いからではない。読み方が悪いのだ。

人間は要約しながら理解する。耳で聞いたり、目で読んだりした内容が頭の中でうまくまとめられたとき、知識や情報として残っていく。**そのために必要なのが、4行に落とし込んで理解し、脳内にファイル保存していくという作業だ。**

基本の4行の型を思い出してほしい。

〈基本型の４行〉①問題提起
②意見提示
③展開
④結論

実は、**世の中のほとんどの文章はこの４行構成になっている。**最初に問題提起をして、その後に必ず「確かに〜しかし〜」の形で自論を展開し、結論へ導く。だから、さまざまな文章を読むとき、この４行構成を頭に入れておけば、きちんと理解することができるのだ。

ではどうしてこの４行構成が、文章の基本なのだろうか。

そもそも、書くという行為は思索だ。たとえば、「○○は××だ」と考える。しかし、そこで「いや、待てよ、○○は△△だという反論が出てくるかもしれない」と考える。そこで、ではその反論に対し自分ならどう答えるかをさらに考えていく。

文章を書くということは、このように自分の頭の中に次々と浮かび上がる反論を、ひとつひとつつぶしていくことなのだ。それをくり返して、論が深まり、ひとつの文章、ひとつの思想ができあがる。

つまり、**世の中のほとんどの文章は、何かに反対し、自分の意見を提示するために書かれている。文章を読むということは、「これは何に反対している文章なのか」を読み解くことにほかならないのだ。**

この反論のキーポイントになるのが、「確かに〜しかし〜」という文章構造だ。この仕組みがわかっていれば、たいていの文章が伝えたいことを正確に読み取れる。つまり、**読解力のカギは「確かに〜しかし〜」**にあると言えるのだ。

「これが筆者の言いたいことだ！」はほんとうに合っているのか？

ところが、あまり本を読んでこなかった人は、この仕組みを理解できない。書き手は「確かに」の部分で自分のものではない他者の意見や世間一般で常識と言われていることを示し、その後、「確かにそうなのだが、しかし私はこう考えるのだ」と論を深めていく。それなのに、**読む力がない人は、「確かに」の部分が、書き手**

の主張だとカン違いしてしまう。ひどい場合は、自論が展開されている「しかし」以降が、「反対意見」だととらえることもある。

文章の構造そのものが頭に入っていないため、書かれている内容はバラバラに存在しているように見え、ひとつのまとまりとしてとらえられないのだ。そこで、筆者と同じように考えた経験がある内容や、自分が容易《たやす》く理解できる事柄が目につくと、それが文章の主旨だとカン違いし、パッと飛びついてしまう。しかし、往々にしてそれは、筆者が挙げた例や引用であって、言いたいこととはまったく正反対の意味を持つものであったりする。

これでは、書かれていることを当てずっぽうで推測していくようなものだ。筆者は論理的に書いているのに、論理的に読めないがために、思索もできなければ、有益な知識を吸収することもできない。その状態では、「この文章には何が書いてあった？」と問われたところで、的を射た答えができないのは当たり前だ。

読んで疑問が生まれたら理解が深まりつつある証拠

大学や小論文指導で、文章を読んだり書いたりするのが苦手という若者と接していると、もうひとつ大きな特徴に気づく。

「書き手はなぜこんなことを言うのだろう？」「そんな意見は聞いたこともないが、根拠は何なのだろう」というふうに、**批判精神を持って読んでいない**ということだ。

だから、「○○についてどう考えるか」と問いかけると、あらゆる事柄に対してなぜそうなのかという根拠がない。そう考える理由を挙げられないのだ。

たとえば、「タレント政治家についてどう考えるか」という問いを投げかけたとしよう。こうしたテーマは、政治はどうあるべきか、選挙はどうあるべきか、テレビの影響にはどんなことがあるか、というふうに理想と現実をくらべて判断していく。

「政治は理想として……であるべきだ。ところが、タレント政治家が増えると……となる。だから、理想から離れるのであって、タレント政治家はよくない」

あるいは、

「本来、政治というのは、理想として……であるべきだ。その点、タレント政治家が増えると……となる。これは理想に近いので、よいことだ」

このように3段論法で考え、自分なりの考えや答えを導き出す。

多くの人は無意識のうちに、この3段論法で考える。ところが、これができない人の答えの導き方は、「いいか、悪いか」だ。または、「好きか、嫌いか」「気持ちいいか、気持ち悪いか」といった、**感覚の次元でとらえることしかできない**。

頭の中で対立軸をつくることができず、自分が共感できるかどうかだけが判断のポイントだと、「〜だから反対だ」「〜ゆえに受け入れるべき」というふうに根拠を挙げることが難しいのは当然と言える。

このようなことが当たり前の思考レベルにいてはいけない。そこから脱出するためにも、4行の型を使って、読む力、考える力をつけていくことが必要なのだ。

内容を「4行」に短くまとめてインプット

例を挙げながら、4行で読むとはどういうことか、詳しく説明していこう。

まず次の文章を読み、**〈基本型の4行〉**に当てはめる形で4行にまとめてみてほしい。

〈文章1〉 教育と飼育

私たちは、「教育」と「飼育」と、この二つのものの論理的なちがいをはっきり見分けるだけの目を持たなければなりません。

どちらも相手を「善く」しようという意図から出ていることにはちがいありません。また、人間を相手とする「教育」の手つづきと、牛や馬を相手とする「飼育」の手つづきとは、見た目にはほとんど大きなちがいはないかもしれません。しかし、それにもかかわらず、私は、この二つは、ことがらの論理の上で、はっきりと区別されなければならないと思うのです。

牛や馬を相手に飼育をするばあいを考えてみてください。まず牛や馬の子どもを囲って、すくすくと元気に育つように世話をします。多分その間に、跳んだりはねたりして遊ばせながら、この牛は肉牛向き、この馬は競争馬向きなどの見当をつけます。そうして、それぞれの個性を存分に伸ばすことができるように、そしてそれぞれがすぐれた肉牛や競争馬になるように、そろそろこういう餌を食べさせようとか、こういう運動をさせようとか、一日一日を計画的に生活させてやるわけです。こうして、牛や馬の方では、べつに自分が肉牛になりたいとか、競争馬になりたいとか思ったわけではないのに、元気に、楽しく、一生懸命に生きている間に、まんまと美味しい松阪牛や競争馬に仕立てられているという結果になります。もちろん、こうしたプロセスが、一斉に、一様に、すべての牛や馬についてうまくいけばいくほど、飼育は大成功であり、りっぱな飼育といわれるわけです。

この「飼育」の仕事は、私たちの「教育」の仕事と、どこがちがうのでしょうか。

村井実『子どもの再発見　新・教育学のすすめ』小学館（１９８８）より

最初の段落が問題提起に当たる。「教育」と「飼育」の違いをはっきりさせるべきだというのが、この部分のテーマだ。

次の「どちらも相手を……」ではじまる段落を読んでいくと、4行目に「しかし」とある。「しかし、この二つは、はっきりと区別されなければならないと思うのです」とつづく。この「しかし」が反論しているのは、その前に書いてある内容に対してだ。2段落目の冒頭には「確かに」が省略されているが、この段落は「確かに～しかし～」の構造をとって、意見提示をしているわけだ。

第3段落の展開部分では、牛や馬を飼育するとはどういうことかに触れている。「牛や馬の方では、べつに自分が肉牛になりたいとか、競争馬になりたいとか思ったわけではないのに、元気に、楽しく、一生懸命に生きている間に、まんまと美味しい松坂牛や競走馬に仕立てられているという結果になります」と書くことで、自主性が重んじられていないことについて語っている。実は、これがこの文章の主旨だ。この自主性こそ「教育」と「飼育」の違いだと言っている。

最後は、「どこがちがうのでしょうか」という反語の形式をとっているが、「教育は自主性を重視し、飼育はそれを無視して個性を伸ばそうとする」という結論を述べているのは言うまでもない。

これを4行でまとめてみると、次のようになる。

①問題提起

教育と飼育の違いをはっきりさせるべきだ。

②意見提示

確かに教育も飼育も相手をよくしようとしているが、二つははっきり違う。

③展開

教育も飼育もともに個性は大事にしているかもしれないが、飼育は馬や牛がなりたいと思ったことの手助けをするわけではない。

④結論

教育は自主性を重視する、飼育はそれを無視して個性を伸ばそうとする。

読んだ内容をここまで要約できると、「何について書いてあったっけ？」というようなことはなくなる。さらにこの4行は人間の思考の最小単位だから、一度この形式で頭にインプットしておけば記憶にも残りやすく、いつでも取り出せる。「ちゃんと読んだのに、人に内容を尋ねられると答えられない」ことはなくなるのだ。

ほとんどの論説文はこのように、4行にまとめることができる。これよりももっと長い論説文の場合も、段落や章ごとに何かについて問題提起し、それに対して意見を述べ展開させることで、結論へ導くという形をとっているのは同じだ。

抽象化ファイルで頭に残す

読解力のない人は具体例だけを記憶する

先に挙げた〈教育と飼育〉をもう一度見てほしい。この文で最も大事なのは、「牛や馬は、自分が肉牛になりたいとか、競争馬になりたいと思ったわけでもないのに、勝手にこの牛は肉牛向き、この馬は競走馬向きと決められ、そのように育てられる」という部分が、自主性の大切さを示している点だ。

しかし、本文中どこにも自主性という言葉は出てこない。

だから読解力のない人は、このような文を読んで、「教育と飼育はどこが違うのか」と問われると、「個性を重視するのが教育で、しないのが飼育」というふうに、当てずっぽうでなんとなく答えになりそうなことを述べる。3段落の4行目にある「それぞれの個性を存分に伸ばすことができるように」の部分に引っ掛かってしまうのだ。しかし、それは文意ではない。ちゃんと「飼育も個性を重視する」という意味のことが書いてあるのに、それを読み取れないのだ。

「この牛は肉牛向き、この馬は競走馬向きなどの見当をつけ」というのが、「個性」について書かれていることが理解できない。同じように、「牛や馬の方では、べつに自分が肉牛になりたいとか、競走馬になりたいとか思ったわけではないのに、その気持ちも考えずに」という意味の部分が、「自主性」について語っていると気づかない。

それはつまり、**文章中に出てくる具体的な言葉を抽象化できない**ということだ。

文章とは、ある抽象的な思考を述べるために書かれる。その抽象的なものを説明するために、多くの例が引かれる。この文で言えば、3段落目の前半の部分がそれに当たる。だが、**頭の中に記憶すべきは、例の部分ではなく、その例が語っている抽象的なものだ。**

頭のいい人は具体例を忘れても、抽象的な事柄を覚えている。だから、「この本にはこういうことが書いてあったよ」と、的確に答えられる。反対に**読解力のない**

人は、具体例しか覚えておらず、そこに何が書かれているのか理解していない。

読んで何かを考えるから頭に残る

文章を読むときや話を聞くときに最も大切なのが、内容や話の意図を抽象化する力。もうおわかりだと思うが、そのための方法が「4行構成」なのだ。

「4行構成」を頭に入れて読んでいけば、抽象化ファイルをしやすくなる。その状態で頭の中にインプットしておけば、情報はいつでも取り出し可能だ。そうなればその内容を文章にして伝えるのも、話して聞かせるのも、いとも簡単にできる。

つまり、**頭の中で抽象化するということは、情報を発信するうえでとても大切な力なのだ。そのトレーニングになるのが、文章を読んで抽象化ファイルする作業だ。**

次の例文を読んで、4行にまとめてみてほしい。

〈文章2〉コミュニケーション

現代の若者の「読解力」の不足が年々深刻になっている。新聞記事さえも十分に理解できない生徒が多い。

なぜそんなことが起こっているのか。ゆとり教育が進んだことも関係があるだろうが、それ以上に、情報化が原因ではないかと私は考えている。

かつて、情報化が進むとコミュニケーションが広がるといわれた。様々な価値観の人と交流できるようになるといわれた。だが、実際には、同じような価値観を持つ人とだけコミュニケーションをするようになった。別の考え方をする人とは付き合おうとしない。目の前にいる人とではなく、遠くにいる気の合う人と固まろうとする。携帯電話でも、仲のよい友だちとのべつ幕なしに連絡を取り、馴れ合いの言葉を紡ぎあっている。

コミュニケーションというのは、別の価値観の人間と出会い、お互い理解しようとし、時に摩擦を起こし、対立し、妥協し、交渉することによって成り立つ。ところが、現代の子どもたちはそのようなことをしようとしない。初めから別の価値観を拒否する。だから、自分と異なる価値観の人には耳を傾けない。

そして、狭い世界に閉じこもり、広い視野を持たず、コミュニケーションをとろうとしない。自分と違った考えを持つ人を理解できない。他人の考えに好奇心を持つこともない。

1、2段落で、現代の若者の「読解力」不足の原因が情報化にあるのではないかと筆者は考えている。よってこの部分が問題提起。

①問題提起

読解力不足の原因は情報化だ。

となる。

次の段落のはじまり方を見ると、情報化とコミュニケーションのかかわりについて書かれているのがわかる。2行目に「だが」とあり、ここで何かしら論が展開されているのが見てとれる。**実は、冒頭にあるはずの「確かに〜」がここでは省略さ**

れている。

②意見提示

確かに昔は情報化が進むとコミュニケーションが広がると言われたが、実際には同じような価値観を持つ人とだけコミュニケーションをとるようになった。

このように意見提示した後、次の段落で展開させる。

③展開

コミュニケーションは別の価値観の人と出会って、互いに理解しようとすることだ。

文章はここで終わっている。これは、

④**結論**

（省略されている）

という形をとった文章で、「よって、多様な価値観を認めることが、読解力向上につながる」という結論をあえて省略しているのだ。実際、**この例文のように結論をあえて書いていないもの、読者へ投げかける形で終わっているものはたくさんある。**

だが、4行の型に当てはめて読めば、この文章が言いたいことが「多様な価値観の大切さ」なのだとわかる。そして、頭の中に抽象化ファイルされるだろう。

文章は、読んだからといってすべて頭に残るわけではない。読んで何かを考えるから頭に残るのであり、それを情報や知識として発信していける。「この書き手の主張は○○だろうか」と探りながら読むことで、書き手が文章中に潜ませた「肝」を見失うことなく読んでいける。

樋口流「斜め読み術」で効率よく読む

多読、速読でテーマを素早くつかむには

たくさんの情報を読んで理解し、その情報をビジネスや人間関係に生かしていくには、効率よく読む必要がある。そのためだろう、速読術に人々の関心が集まって久しい。多くの人が、時間と手間をかけずに豊富な情報を手に入れたいと考えている。

もちろん、速読術はたくさんの本を読む必要のある場合にはきわめて有効だ。1冊を5分で読めるような訓練を受けることで、もっとたくさんの本を楽しめて、人生をいっそう充実させることにつなげられる人も多いだろう。

とはいえ、私としては、一方的に本の内容を受け入れるのではなく、もう少し知的作業を味わいたい。本を受け入れるだけでなく、頭を使い、本と対話して、自分

の考えを整理したい。そうしたうえで、できるだけ速く読みたい。

多くの人は、「読む」という行為は、一字一句正確に読み取る緻密さだけが必要だと考える。特に日本の国語教育では、正しく読み取ることばかりが重視されてきた。授業では、生徒個人が文章から何を読み取って、何をどう考えたかということは問題にされない。

しかしそれでは、ほんとうの読解力はつかない。すべての本に言えるわけではないが、正確に読み取ることよりも、そこから自分に役立つことを見つけ、さまざまな考え方に出合って刺激を受けることのほうが大事だと言える。

そこで私がお勧めしたいのが「斜め読み術」だ。

これは、文章の最初から最後まで一字一句きちんと読むわけではないが、書かれている内容全体を理解する方法で、大きく分けて2つのポイントがある。

まず、**「既知の内容については原則として飛ばす」**。

何が書いてあるか想像できる、筆者が引いた例をすでに知っている。そのような部分については、さっと目を通すだけで先へ進む。

次に、**「わかりにくいところは、注意して読む」**。

逆に言えば、「ん？　何を言っているのだ？」と目と意識が止まったら、そこが「わかりにくいところ」だ。その部分が**〈基本型の4行〉**の「意見提示」や「展開」に当たる場合が多い。

キーワードを見つけて読む速度を上げる

例を挙げて説明しよう。多くの方になじみ深い、朝日新聞の「天声人語」を読んでみてほしい。

〈文章3〉天声人語　認知症と向き合う

私鉄駅のエスカレーターに親子連れがいた。母の尻ポケットからのぞく異物を男児は見逃さなかった。「なんでチャンネル持ってきたの？」。お母さんは「もうやだ。なんでなの」と、リモコンを同伴した己を責めた。誰にでもある

「うっかり」の多くは笑い話で済む。

だがそれは、不注意ではなく長い闘いの兆しかもしれない。冷蔵庫に何度も空の食器が入っている——。群馬県議会議員の大沢幸一さん（66）は6年前、妻正子さん（60）の異変を確信した。若年性アルツハイマー病だった。

過日、横浜市であった認知症ケアのシンポジウムで、大沢さんにお会いした。生命倫理学会の公開行事だ。「共倒れにならないよう、妻には笑い薬を与えています」という壇上の発言が心に残った。

寝る前、おどける夫に笑ってくれれば、妻も自分も安眠できる。反応で症状の進行もわかる。そして、怒らない、ダメと言わない、押しつけないの三原則を自らに課す。最愛の人の尊厳、誰が傷つけられようか。

認知症は人格が崩れ、やがては抜け殻になると思われがちだ。しかし、シンポを企画した内科医の箕岡真子さんは語る。「抜け殻論を乗り越え、患者ではなく一人の生活者として接したい。以前とは違うけれど、その人は感じ、欲し、つながっていたいのです」。

人格は失われず、隠されていくと考えたい。情緒はむしろ研ぎ澄まされると
も聞いた。介護の技術に倫理や共感の視点を採り入れることで、本人と家族の
「人生の質」を少しでも保てないか。高齢化が問う、重い宿題である。

朝日新聞（２００９年11月18日）朝刊より

文章は、ある親子連れの話からはじまる。２段落目の最後にある「若年性アルツハイマー病」という言葉が出てきて、これがどうやらこの文章のキーワードだと予測が立つ。**３段落の冒頭に「そういえば」を補ってみると、３、４段落目も引き続いて例が挙げられていることがわかる。**

そして5段落目になって、「しかし」が出てくる。ここで何かに反論しているわけだ。**「何に反論を？」と考えていくと、冒頭の「確かに」が省略されていることに気づく。**そして、「認知症は人格が崩れ、抜け殻になると思われがちだが、患者ではなく一人の生活者として接していくことが認知症のケアには必要」という意見が読み取れる。

そして、最後の段落で「展開」と「結論」が併せて述べられている。

「天声人語」は、このように4行構成の一部「問題提起」の部分に長い例が引かれていることが多い。ここでたくさんの事例を紹介する。しかし、もちろん言いたいのはその例ではなく、その後にさらっと1、2行で書かれた「意見提示」だ。

極端に言えば、「天声人語」は冒頭の肥大化した例にさっと目を通して、**キーワードを見つけたら、後は「斜め読み」し、後半に出てくる「意見提示」での主張を読み取ればいい。**

「天声人語」スタイルの前置きが長い文章は、主に軽めの論説文やエッセイに多い。このような文章を一字一句正確に読み取っていたのでは、時間がいくらあっても足りない。「斜め読み術」を知っておくだけで、効率よく読む習慣が身につく。

難解な文章こそ「4行で読む」

これで仕事の資料も後回しにしなくてすむ

「読む」ことで受信力を高め、「書く」「話す」という発信行為につなげるには、さまざまな文章を読んでその内容をしっかり理解することが求められる。一見難解に感じられる文章でも、4行の型で読むコツを知っていれば恐るるに足りない。

そこで次の文章を読んでいただきたい。これは二〇〇〇年度の早稲田大学法学部の小論文問題に用いられた課題文だ。

〈文章4〉日本文化の雑種性

戦後の日本の「民主化」の過程は戦時中の国民主義のうらがえしだと簡単に

いえるようなものではない。いずれにしても権力の強制だというのは粗雑な見方である。占領軍の権力は少くとも戦争直後日本の支配階級に民主主義を強制したのであって、大衆に強制したのではない。大衆に大衆の権利を強制するというのはことばとして意味をなさないからである。ところが戦争中の権力は支配階級にその意志に反する何かを強制したのではなく、大衆にその当然の権利を棄てることを強制したのである。戦争中と戦後の二つの権力の性質のちがいはそこにある。しかし、そのことは、大衆の主観を中心としてみるとき、大衆が主観的に戦争イデオロギーに対して抵抗し、民主主義に対して積極的であったということを必ずしも意味しない。事実はそうではなかった。戦争中、少くとも戦争のはじめの時期には多くの大衆がみずからすすんで戦争イデオロギーをうけ入れたのであって、主観的には強制の感じはなかった。しかし主観的に強制の感じがなかったということは、強制する側からみれば強制の仕方が上手だったということにすぎない。上手にだました、だからあれはだましたのではなかったということにはならない。戦後の民主主義はだましたのではなく、眼をさまさせたのである。しかしだまされる場合とちがって、眼をさます場合には事の性質から眼をさます側が主体になるのであり、従って外からの権力が大衆の眼をさまさせたというよりは、大衆が眼をさますことを外からの権力がたすけたといった方がことがらの本質をよく説明できるであろう。とにかく民主主義は大衆の自発的な動きに支えられているという点で戦争宣伝としての国民主義とは全く別のものであり、従って全くちがう結果を生むのが当然である。事実戦後の民主主義によって生じた精神上の変化の一部は、おそらく容易にもとへはもどらない性質をもっているように思われる。

ところが日本の知識人には、——ということが穏当でないとすれば、少くともその一部には日本の民主化の問題を先にも触れた歴史的なものの見方を通して考える傾きがあった。そうすると、日本の民主化とは日本における近代市民社会の建設だということになる。一方近代市民社会とは具体的にはアメリカ及び西ヨーロッパつまり私が漠然と西洋とよぶ社会以外のものではないから、民主化即近代市民社会の建設はまた同時にその意味で日本の西洋化ということになり、封建的日本と近代的西洋との対比がはじまるだろう。学者は一方では西洋の近代的市民社会がいかに合理的な、人間性に適ったものであるかということを説明し、他方では日本の「近代」がいかにゆがめられた「非典型的」なものであるか、いかに多く日本の社会には封建的あるいは前封建的、あるいは一般に前近代的なものがのこっているかということを分析した。分析すると同時にいくらか事態を誇張する傾向があり、西洋をうたいすぎたし、日本を貶しすぎた。少くとも効果としてはそういう印象をあたえた。そういう印象から日本を西洋化することが急務であり、しかもそれは万事にわたらなければならないという考えが生れたとすれば、その考えはもはや戦時中の日本文化主義のうらがえし以外のものではあるまい。(中略)

誤解は二重であったように思われる。第一、日本の社会のもろもろの不都合は、すべてその前近代性によるものではなく、むしろ逆にその近代性、つまり社会が一面では独占資本主義の段階に達しているということそのことに由来する場合が多い。まして不都合がすべて「日本的」であるなどというばかげたことはない。（中略）理想的な近代市民社会は日本にはないが、外国にあるだろうと考えるのは、誤解の第二の面、西ヨーロッパの社会に対する思いちがいを含んでいる。資本主義と議会制度はイギリスで「典型的」に発達した、日本での発達の歴史はその典型からはずれている、「ゆがめられた」ものだという話には、その話が客観的分析にとどまるかぎり、つまり、「典型的」とか「ゆがめられた」とかいうことばに価値の感情が伴わぬかぎり、反対の余地がない。ところが話が資本主義と議会制度の歴史的発展からイギリスにおける個人主義の確立というようなところへ移ると、客観的材料の客観的分析だけではめったにらちがあかなくなってくるだろう。（中略）

こういう近代主義に対しては反作用のおこるのが当然である。日本の文化は根本から雑種である、という事実を直視して、それを踏まえることを避け、観念的にそれを純粋化しようとする運動は、近代主義にせよ国家主義にせよいずれ枝葉のかり込み作業以上のものではない。いずれにしてもその動機は純粋種に対する劣等感であり、およそ何事につけても劣等感から出発してほんとうの問題を捉えることはできないのである。ほんとうの問題は、文化の雑種性そのものに積極的な意味をみとめ、それをそのまま活かしてゆくときにどういう可能性があるかということであろう。

「加藤周一著作集」第7巻　平凡社（1979）より

※一部文章を省略しています。

まず冒頭で「問題提起」をしている。「戦後の民主化の過程は権力の強制ではない」という主旨のことを言っている。

そして、「占領軍の権力は少くとも……」以降で「意見提示」だ。この部分を見ていくと、「ところが戦時中の……」の後、「しかし……」が3箇所も出てくる。「確かに〜しかし〜」のオンパレードになっているわけだ。**この場合、「しかし〜」という言葉によってたくさんの例が引かれていると考えればよい。**だから、「しかし〜」の内容をいちいち丁寧に追っていくと、途中でこの文章がほんとうに言いたいことを見失ってしまう。

そこでこの部分はさらっと読み、**この文章が何に反対しているかについて考えてみることが大事だ。**この文章が反対しているのは、「戦後の民主主義は権力（アメリカ）に強制されただけであって、自分たちでつくったものではない。日本は封建的だから、民主主義に向いていない。戦時中は戦争をするべきだと権力に動かされて叫んだと同じように、今、民主主義だと騒いでいるにすぎない。日本が民主的になるには、まず日本を西洋化する必要がある」という意見だ。

つまり、ひと言で言えば、「日本文化は民主主義には向いていない。日本文化を根本から改めなければ、民主主義は実現しない」ということになる。

この文章はそのような意見に反対して、「意見提示」の部分で、「確かに戦後の民主化の過程に上からの強制という面はあったが、それは民主主義を引き止めるために必要なことであった」と主張している。

そして、「ところが日本の知識人には」以降の段落が「展開」だ。ここで、「日本は封建的で民主主義を受け入れることのできない国であって、まずは西洋の近代的な考えを受け入れるべきだとか、日本は何もかも劣っているなどと考えるのは間違いだ。日本を資本主義の発達がゆがめられた国と考えるべきでもない」と述べている。「こういう近代主義に対しては〜」からが「結論」で、「日本文化は民主主義に向いていない」という考えに反対して、「日本文化は雑種文化だが、むしろそれを前向きに考えることで、日本文化を活かしながら民主化できる」と結んでいる。

4行でまとめてみると、次のようになる。

①問題提起

戦後の民主化の過程は権力の強制ではない。

②意見提示

確かに戦後の民主化の過程に上からの強制という面はあったが、それは民主主義を引き止めるために必要なことであった。

③展開

日本は封建的で民主主義を受け入れることのできない国であって、まずは西洋の近代的な考えを受け入れるべきだとか、日本は何もかも劣っているなどと考え、日本を資本主義の発達がゆがめられた国と考えるべきではない。

④結論

日本文化は雑種文化だが、むしろそれを前向きに考えることで、日本文化をいかしながら民主化できる。

この課題文に対して小論文を書く場合、**課題文の主張に賛成の立場をとるか、反対の立場をとるかをまず考える。** 賛成ならば、たとえば、

「確かに、日本文化には、男尊女卑など民主主義を阻害する要素はある。しかし、日本風に変質することで新しい民主主義をつくることができるはずだ。日本式民主主義、そして日本式欧米思想は、世界が受け入れる欧米思想のモデルになる可能性

がある。アジア諸国は日本以上に欧米の思想をそのまま受け入れることができない。集団主義の影響を受けた欧米思想こそ、世界に、少なくともアジアにも広まる可能性がある。日本によって変質された思想こそが世界に通用する思想になりうる。したがって、日本文化の雑種性に可能性を見るべきである」

と論を展開する。また反対の場合は、

「確かに、日本の雑種性にも利点は多い。しかし、それを肯定するべきではない。日本の集団主義的傾向のため、いつまでも日本には民主主義が根づかない。個人意識が希薄で、個人が抑圧される傾向がある。そして、自分の意見を明確にして議論するという態度が育たない。国際社会を生きるには、雑種性は好ましくない。したがって、雑種性を肯定するべきではない」

となる。

実際の入試では、「次の文章を読んで、ここに述べられている著者の考え方を批評し、日本の民主化と文化についてあなた自身の考えを、二〇〇字以内で書きなさい」と出題される。原稿用紙3枚分が求められているわけだが、このように4行でまとめられれば、それを一二〇〇字に〝増量〟させるのは簡単だ。

ビジネスやプライベートで難解な文章を読み、それを論文風にまとめるという機会はあまりないだろうが、このやり方を知っていれば読解力は飛躍的にアップする。少々難解な仕事関係の資料は読むのがついつい後回しになりがちだが、恐れずに挑んでいけるようになる。

〈基本型の4行〉の変形パターンも知っておく

この例文には、「しかし〜」が頻出する。この「しかし〜」に引きずられると、論理的に文章を読むことができなくなる。このパターンのように、**〈基本型の4行〉**の変形もあるのだ。それが頭に入っているだけで、文章をラクラク読み取れる。ここで紹介しておこう。

【変形1】問題提起でなく、主張からはじまる

疑問形で「～だろうか」と問題提起するのではなく、最初にズバリと結論を述べる文章。ただし、これも冒頭で述べた主張を検証するために文章を書くのだから、問題提起のひとつといえる。

【変形2】「確かに」がない

「確かに」と反論意見を考慮した後に、自分の意見を示すのが基本形だが、反対意見に対する考慮がないものも多い。筆者は何に対して反対しているのかを考える必要がある。

【変形3】「確かに」がくり返される

「確かに、……という反論がある。また、確かに……という反論もあるだろう」というふうに、次々と「仮想敵」を取り上げ、ひとつひとつつぶしながら、自論を展開していく。「確かに」がつづく間は、「事例をたくさん挙げているのだ」と思って読み進めればいい。

【変形4】「確かに〜しかし〜」の別バージョンに注意する

すべての文章が「確かに〜しかし〜」という表現で、反論と主張を示すわけではない。違うバージョンもある。もちろん用法は同じだ。これらを頭に入れておくと、「斜め読み術」のときにも役立つ。

・「もちろん〜だ。だが、〜」
・「〜という人がいる。しかし〜」
・「〜なのが一般的だ。ところが〜」
・「〜ではあるが、〜である」
・「〜なのは事実だ。しかるに〜」
・「一方では〜。他方では〜」

【変形5】前置きが長い

文章の核心部分が出てくるまで、自分がなぜそのような疑問を抱いたのかを詳しく説明したり、いくつものエピソードを挙げたりする。エッセイ風の文章に多い。「天声人語」もこのパターン。

【変形6】最後につけ足しがある

文章の最後が必ず「結論」だとはかぎらない。言ってみれば「追記」のような形で、これまで書いてきたことと無関係な補足をつけ足している文章もある。

いずれの場合も、筆者が言いたいことと、筆者が想定した反対意見をしっかり分けてとらえることが読解の基本だ。**文章の読み方がわかり読解力がついていけば、聞く力を含めた受信力が鍛えられる。それは必ず縁の下の力として、「書く」「話す」といった発信の際に発揮されるだろう。**

第5章

「4行で話す」コツをつかめば説得上手になれる

短い話ほど相手に伝わりやすい

話しはじめた途端、なぜ相手がイライラした態度に？

誰でも一度は、話している相手から「で、何が言いたいの？」と言われたことがあるのではないだろうか。自分としては、相手に話の内容がきちんと伝わるよう丁寧に話しているつもりだ。言葉も選んでいるし、時間もたっぷりとっている。なのに、相手は不機嫌でイライラした表情すら見せている。

プライベートの場合なら、「もう少し話の内容をまとめてよ」と相手が指摘してくれるかもしれない。そして、自分の話し方がまずかったことに気づける。ビジネスでも、上司から「パッパッと短くまとめて話してくれ」と言われることで、改善していけるケースはある。

しかし、目下の人間や取引先の人は、そのような核心を突いた指摘はしてくれない。ニコニコとした表情でこちらの話に耳を傾け、ときに「ほう」「なるほど」などといかにも納得しているそぶりを見せながら、内心、「ちっとも話の内容がつかめない」とあきれているのだ。話し方のまずさに自分で気づかないかぎり、相手には軽んじられつづける。こうしたことは、なくさなければならない。

もちろん**友人、知人、上司からも「で、何が言いたいの？」と言われる前に、そのような話し方からは脱却したほうがいい。**

では、相手をイライラさせてしまったり、相手に話の内容がうまく伝わらない原因はどこにあるのか。その要因は主に、話がダラダラと長いことだ。

相手が黙って聞いてくれるのは20秒が限界

相手にきちんと伝えようと思えば思うほど、あれこれと情報をつけ足してしまう。とりあえず必要ない例外事項について丁寧にしゃべってしまう。多くの人が、短い説明ではわかってもらえないと考えているのだ。

だが、ほんとうはその反対で、話を伝わりやすくするために、短くまとめる必要がある。

ただ、「短く」というのは定義がとても曖昧だと言える。

文章を短く書く場合は、字数の目安をつけやすい。メールやビジネス文書を書くなら、パソコンの設定が1行何字になっているか頭に入っているだろうから、「短さ」を目で確認できる。しかし、会話にそのような字数の目安はない。それならば、時間を軸にする手もある。話のプロは「今、○秒で○字くらいしゃべった」と予測が立つだろうが、素人にそのようなことは難しい。

また、一人で3分間会話を支配しても、長くはないと感じる人もいるだろう。短いか長いかは、人によって感覚が違う。

そこで話を短くまとめて伝えるため役に立つのが、4行の型だ。

〈基本型の4行〉①問題提起　②意見提示　③展開　④結論
〈結論先行型の4行〉①結論　②根拠1　③根拠2　④根拠3
〈根拠優先型の4行〉①根拠1　②根拠2　③根拠3　④結論

〈エピソード型の４行〉①きっかけ　②ストーリー　③クライマックス　④まとめ

文章を書いて伝えるのと同じように、話す場合にもこれらの型を利用して短くまとめ、コミュニケーション力をアップさせられる。

まずはビジネスシーンで、報告や連絡をする場合を考えてみよう。

言い出しにくい内容は、「実はですね……」「急なお願いで申し訳ないのですが……」「ちょっといろいろと事情がありまして……」と、ついついダラダラと前置きをしてしまいがちだ。そのようなことをボソボソと言っている間に、相手は聞く気を失ってしまう。

たとえば、仕事上の打ち合わせの変更を上司に願い出るとき、**〈基本型の４行〉**の型を使うとこうなる。

基本型の4行

①問題提起
②意見提示
③展開
④結論

Ｐ社との打ち合わせの件ですが、プレゼンの日時が早まったと、たった今先方から連絡があり、作戦変更が必要かと。

来週の会議を明日に変更していただけないでしょうか。

私は午後ならいつでも大丈夫です。


4行の型を意識すると、このような話し方が誰でもできるようになる。

また、いくら「短く」と言っても、お願いごとをするのに、「打ち合わせを明日に変更してください」と用件だけ唐突に伝えたのでは、相手は面食らってしまう。「なんだいきなり」と、心証が悪くなる。**「短く伝える」というのは、単に言葉数を減らせばいいということではないのだ。**

この例のように「なぜ変更が必要なのか」ということがきちんと説明されていると、短い言葉でも相手に用件が伝わる。文章で相手に伝えるのと同じで、会話も論理立てて話すことで伝わりやすくなるのだ。

この4行を、仮にすべて一気に話せたとして、かかる時間は10秒強。この時間なら、聞き手も黙って耳を傾けてくれる。

思うに、相手が黙って自分の話を聞いてくれる時間は20秒が限界だろう。それ以上になると相手は口を挟みたくなるし、ただ聞いているだけの状態に飽きてくる。**「4行構成」は、相手が黙って耳を傾けてくれる時間内に話を収めるための方法とも言えるのだ。**

2章で、「自分が伝えたいことを4行で短くまとめた情報は、ファイルとしてまとまっているから相手の頭にも残りやすくなる」と説明したが、それは話し方においても同じだ。つまり、4つの「4行」の型に則した形で話ができれば、こちらの伝えたいこともれなく伝えることができるうえ、頭のいい話し方ができるのだ。

「4行」にまとめれば、常に自分の土俵で話を展開できる

「書く」「読む」より難しい「短く話す」

文章を書いて相手に何か伝えるとき、4行構成が頭に入っていれば、書き出しで迷ったり、途中で話が逸れていくのを防げる。「書く」と「話す」は、脳の働きの面から見て基本的に同じと考えていいので、会話の場合も4行の型を利用すれば、もたもたしたり、おろおろしたりせず、その場その場で、最適な型を選んで会話を構築していける。

しかし、**「書く」と「話す」には大きな違いがある。それは、会話の場合は相手が目の前にいることだ。**

相手が途中でこちらの話の腰を折ったり、話を取ってまったく違う方向へ持っていってしまうことがある。こうしたことは会話の場合、必ずといっていいほど起こ

る。文章なら一人で何度でも推敲でき、こちらの言いたいことを一方的に伝えられるが、会話はそうはいかないのだ。

そういう意味では、短く話すのは、「書く」「読む」よりも難度が高いと言える。たとえば、頭の中では伝えたいことをイメージできているのだが、いざ話しはじめるとうまくいかない、ということが起こる。それで、「自分は話し下手だからしょうがない……」と悩んでいる人がいる。実は、こうした人の話し方には、いくつかの特徴がある。

まず、**話しはじめた途端、話の筋が見えなくなってしまう。**

たとえば同僚に、

「うちの部署は会議が多すぎる。確かに会議で社員同士が情報を共有するのは大事だけど、話し合うテーマが特にない場合も会議をするのは時間のムダじゃないのか。定例会議ではなく、今後は企画会議や販促会議というふうに会議の目的をもっとはっきりさせて、細かい情報交換は個人レベルで処理するよう、課長に提案してみないか」

という内容を伝えたいとする。

このとき、同僚にいちばん伝えたいのは「定例会議をなくして、企画会議や販促会議など目的別会議を設定することを課長に促そう」と提案することだ。それを話の核心に置きたいのに、

「来週、定例会議があるね。会議ばっかでイヤになるよ……」

などと、話をはじめてしまう。相手はこれをグチと受け取るだろう。そこで、

「ほんとうだよ、うちの会社、先が長くないかもなぁ。でも転職も難しいご時世だし……」

というふうに会話が進んでしまう。心の中で「いやいや、会社の将来とか、転職の話がしたいんじゃないんだけど」と思っているのだが話を修正できず、「そうだよね」などと返してしまうので、ランチの間中、グチの言い合いだ。

また、**相手を目の前にすると、つい遠慮がちになって言いたいことがブレてしまう人もいる。**

「来週、また定例会議だね。うちの部署、会議が多すぎない？」

と、自分が言いたいことのテーマに則して話の口火を切ったのはいいが、相手が、

「M社はうちより会議が多いらしいよ。それを知っているから、課長は今のスタイルを変えないんだ。M社の後藤課長とうちの課長は、大学時代からのライバルだからな」

と、相手が自分の話に対して同調の姿勢を見せないと、やはり心の中で「個人的交流を仕事に持ち込むほうがおかしいだろう」と感じても、それを口にできない。

相手が、

「そうかな、俺は、定例会議は重要だと思うけど」

などと、否定的な意見を示そうものなら、「そうだよね」とあっさり引き下がってしまう。

どちらの場合も、結局、相手の話に引きずられているのだ。

相手の話に引きずられないための「4行」

そこで会話力のない人は、ますます苦手意識を持ってしまう。たとえば次のよう

に、途中までは自分のペースで言いたいことを言えたとしよう。

自分「うちの部署、会議が多すぎると思わない？」
同僚「確かにそうだよな」
自分「情報共有は大事だけどさ、会議のための会議は意味ないよ」
同僚「時間のムダだよね」
自分「だから定例会議はやめたほうがいいと思うんだ」
同僚「あ、定例会議っていえば。来週は俺たちだけでやることになりそうだって小耳に挟んだよ。課長、デトロイトへ出張なんだって。それがさぁ……」

ほんとうは、「定例会議をやめて企画会議や販促会議など目的別にすることを提案」という話題へ持っていきたいのだが、途中で話を持っていかれてしまった。こうなったら、まずはいったんあきらめる。そして、相手の話を聞いていればいい。

そのうえで、

自分「デトロイト支店ができるっていう噂はほんとうだったんだ！」

同僚「そうみたい」

自分「じゃあ、課長も忙しくなるだろうから、会議のやり方については僕らに任せてほしいと提案するのはどうだろう」

同僚「でもどうやって？」

自分「定例じゃなく、企画会議や販促会議っていうふうに、会議を目的別にするとか」

同僚「いいアイデアだね！」

自分「自主的に動けば、課長もきっと賛成してくれるよ」

このように新たな4行を構築して、自分がいちばん言いたい結論へと結びつければいい。いったん話が逸れても、最終的に自分の土俵へ話を戻せばいいのだ。

４行の型が頭に入っていれば、たとえ話を持っていかれても、焦ったりあきらめたりすることなく、冷静に話をつづけられる。そして、自分が言いたいことを論理的に伝えられるようになる。つまり会話における４行の型とは、自分の土俵で話を進めるための奥の手と考えればよい。

私は、将棋は昔少しやった程度だが、あれにも型がある。定石と呼ばれるものだ。自分がおたおたしそうなとき、定石を知っていれば心強い。将棋が強い人というのは、どんな状況でも自分の勝ちのパターンに持ち込める人のことを指すのだろう。それと同じことが会話という土俵の上にもあるわけだ。

話が一度崩壊しても「４行」でリベンジ

相手を目の前にしながら、４行の型に当てはまっているかどうか確認して話すことなど、不可能なのではないかとお考えの方もいるだろう。もしも４行の型、４行構成が、単なる話し方のテクニックであれば、そういうことになりかねない。

テクニックというのは、場当たり的なものだ。この場合はこうする、また違う場合はこのようにするというふうに、いわば対症療法的に対処していく。そういうやり方が有効な場合もあるが、普遍的なものにはなり得ない。

この4行の型はそうした小手先のテクニックではなく、根本的な思考法だ。**型にしたがって考えることで、自分が主張したいことのいい面、悪い面、矛盾点などが見つかる。そこからさらに主張を掘り下げていける。**この思考法をくり返せばくり返すほど、日頃の考え方が論理的になり、論理的に書いて話せるようになる。

一度、論理的な思考法が身につけば、それは対面であろうがなかろうが、いついかなるときにも発揮できる。

人間、一度自転車の乗り方を覚えたら、二度と忘れないものだ。初めのうちは多少苦労するかもしれないが、一度乗れるようになると、それまで乗れなかったことが信じられないように自然に自転車をこげるようになる。それとまったく同じように、一度身についてしまえば、意識しなくても、論理的に思考できるようになる。

そうなると、対面であれ、電話であれ、自分の言いたいことを伝えるために4つの4行の型を駆使する能力が磨かれていく。

たとえば、説得する場面だ。両親が彼氏との結婚に反対しているとしよう。こうしたときこそ感情的に反論せず、冷静に説得するために「4行」の話し方を使う。

試しに両親にこのやり方で反論してみよう。

たとえば、「青年実業家などと言っても、何をやっているかわかったものじゃない」と、相手の職業について不審がっているなら、高収入だということを4行で述べる。

「業界でも注目されてる輸入業の会社よ。
実家は地方で商売をやってるけど、それを継がずに、就職難を乗り越えて商社に入社したの。
そのときの人脈を生かして、同期で最初に独立して、
たった2年で年商を3倍にしたんだから」

これを聞いた親が、「輸入業だかなんだか知らんが、見た目がちゃらちゃらして

気に入らん」と非難してきたら、次は性格のよさで攻める。

「確かに見た目はイマ風だけど、中身は驚くほど古風な人なの。

筋の通ってないことは絶対やらないし、

社員思いの人情家で、

彼のことを悪く言う同業者はいないくらいよ」

それでも親がまだ反論してきたら、「健康体だ」という内容で4行、「やさしさを示すエピソード」で4行というふうに、自分が相手を選んだ根拠を重ねていく。私はこれだけのことについて考えた、それによってこういう結論を出した、一時の気の迷いではない、ということが主張できるのだ。

自分の言いたいことが相手の横やりや反論で一度崩壊しても、常に4行でリベンジをはかる。そうすることで冷静さを保て、常に自分の土俵で話を進めることができる。

「お助けフレーズ」を利用して「説得」「丸め込み」

ロクセで思考のトレーニングができる

頭の悪い人の話し方には特徴がある。1行ずつ違う話に移っていくのだ。原因は2つある。ひとつは、**相手の話に引きずられてしまう**ため。もうひとつは、**自分の頭の中で主旨がまとまっていない**ためだ。

思いつくままに言葉を口にしていると、話しているうちに自分でも「何が言いたいんだっけ」と迷子になってしまう。そんな状態でさらに話し相手という「敵」がいようものなら、ますます頭の中が混乱する。そして、「何が言いたいのかよくわからない人だ」「あの人と話していても、おもしろくない」という印象を与えてしまう。

だが、言葉を口にする前に一度頭の中で思考を巡らせると、考えがしっかりまとまる。

私は、思考力を高めるトレーニングのひとつとして、口グセをお勧めしている。たとえば、あるテーマが話題になっているとき、**「そもそも〜とは」**と口にしてみる。「教育」がテーマになっているなら、「そもそも教育とは〜」と言ってみるのだ。そうすると、「教え育てること」「人を教えて、望ましい姿になるよう導くこと」というふうに、「教育」という言葉の定義がはっきりする。

また、**「かつてはどうだったかというと〜」**と言ってみると、話題にしているテーマについての歴史的状況まで視野を広げて考えることができる。

今挙げたのは、私が提唱している**「3WHAT・3W・1H」**の考え方の一部だ。文章は5W1Hで書けと言われるが、それをもじって私が編み出した。これを考え方の型として頭に入れておけば、小論文などの内容を深めることができるだけでなく、書く内容が明確になる。

ちなみに、**「3WHAT」**とは、

「それは何か（定義）」
「何が起こっているのか（現象）」
「何がその結果起こるか（結果）」

「3W」とは、

WHY「なぜそれが起こっているのか（理由・根拠）」
WHEN「いつからそうなのか、それ以前はどうだったか（歴史的状況）」
WHERE「どこでそうなのか、他の場所ではどうなのか（地理的状況）」

「1H」とは、

HOW「どうやればいいか（対策）」

実際にやってみるとわかるが、これらのフレーズを口グセにしておくと、話す内容がブレなくなる。思考のトレーニングになるだけでなく、話し方のトレーニングにもなるのだ。ということは、**短くまとめて相手に伝えるためにも、口ぐせは有効に働くと言える。**

4行にまとめて話を進めるために有効なフレーズを知っておけば、いざ会話で困ったときにも心強い助けになる。

ダラダラ言い訳は「理由は3つ」のフレーズで撃退できる

ビジネスの場合、簡潔に報告することが求められる。上司に「手短かに頼むよ」と言われるのは、日常茶飯事のはずだ。そこで「結論から言う」ということが、セオリーとされている。

だが多くの人が、せっかく結論を簡潔に述べたのに、その後でグダグダと言い訳をしてしまう。たとえば、「K社への新商品の納期が遅れることになりました」と結論を言った後に、「ほんとうに申し訳ありません。私の監督ミスです。と言いますのも、K社の担当者が変わったのが今年の6月で、その方は中途採用で配属されたばかりの方でして……」と、ダラダラと謝罪の言葉や経緯の説明をする。

ひどい場合は、言い訳をするうちに、「そういえば、K社のあの部署って、頻繁に人事異動があるんですよね、それで……」と、話の内容が逸れていく。結局、「こいつの話はいつも長い」「一体何の報告をしているんだ」となる。このようなとき、**〈結論先行型の4行〉**を使って報告してみる。

〈結論先行型の4行〉①結論　②根拠1　③根拠2　④根拠3

K社への新商品の納期が遅れることになりました。

と、まず結論を言う。そして、根拠を話しはじめる前に、**「理由は3つあります」**というフレーズを入れてみる。すると、

理由は3つありまして、まず、わが部署と先方との最終確認ができていなかったこと、
先方の担当者がこの業務に不慣れだったこと、
そして私の監督不行き届きが原因です。

と、結論から理由まで一気に話せる。

もちろん、**〈結論先行型の4行〉**が頭に入っているだけで、短くまとめて話すことはできる。しかし、「理由は3つあります」と先に言っておくことで、聞き手にも「これから理由が述べられるんだな」と心構えができる。相手が、会話に割って入ろうとする場合の抑止力にもなる。

さらなるメリットもある。仮に話が逸れてしまっても、相手が論理的な人ならば「それで2つ目は?」と尋ねてくれる。

つまり、こうした「お助けフレーズ」を知っておくと、話の接ぎ穂になるだけでなく、仮に4行の途中で話を持っていかれても、自然に取り戻せるというわけだ。

「要するに」「そのためもありまして」で話を自分の土俵に戻す

「お助けフレーズ」は他にもまだある。普段何気なく口にしている**「要するに」**も、そのひとつだ。

たとえば、「価値観」について話しているとする。自分は「価値観の多様性を認めるべきだ」という方向に話を持っていきたいのだが、相手は「最近の若者は価値観という言葉の意味すら理解していない」など、若者批判の方向へ進んでしまう。

そういうとき、

「**要するに、**そういう若者が増えているからこそ、価値観の多様性を教えるようなプログラムを研修に盛り込むべきだ」

と、話を勝手に自分側へ引き寄せるために利用する。

相手にうまく伝えられなかったり、会話がうまくかみ合わなかったりするのは、自分のせいだけではない場合もある。実は相手の話がダラダラしているため、自分がそれに引きずられて、言いたいことをちゃんとまとめられなくなっているケースもあるのだ。

さらに強引に引き込むには、**「そのためもありまして」**というフレーズが有効だ。相手が「多様な価値観など、研修で教えられるものではない」と、自分とは反対の意見を言ったとしよう。それに対し、

「**そういう意見も多いと感じるところもありまして、**あえて私は価値観の多様性を教えるようなプログラムを研修に盛り込むべきだと考えています」

とつなげる。相手が言っていることも、自分の話の伏線として利用してしまうわけだ。少々強引に感じるかもしれないが、こうやって話を自分の土俵へ引き戻す術を知っていれば、いつでも4行構成に戻って話を進めていける。

このようなことができれば、**相手は自分が言いくるめられているのに気づかず、**

「この人は頭のいい話し方をするな」と感じるようになる。そうすれば、相手は聞く耳を持ってくれるうえ、説得しやすくなるのだ。

手強い相手への切り札も「4行」+「お助けフレーズ」

会話中の相手の反応を有効利用する

無理なお願いをしなければならないときや、これを言ったら相手が怒り出すかもしれないというとき、どう切り出すか悩むものだ。「メールで済むならそのほうがいい」と思うかもしれない。だが文章だと、相手の反応を直接見ることはできない。

会話は自分一人では成り立たず相手がいる。その相手が、自分の話の方向を変えてしまう可能性があるので、話の土俵を自分のほうへ引き戻す工夫が必要なのだとこれまでお話ししてきた。しかし逆の考え方をすれば、**相手の反応を利用して、自分が伝えたいことを上手に伝えることもできる。**

たとえば、上司に有給休暇を願い出るとしよう。のっぴきならない事情があって、今週末に1日休みをつけて3連休にしたい。だが、繁忙期に入っているので皆忙しい。自分だけ休める状況でないのはわかっている。そこでこんなふうに言ってみる。

「部長、さきほど私の担当エリアの営業データをすでに提出しました」

「この時期、前回よりも数字は上向いていて、改善の余地は特になさそうです」

「担当エリアへの販促展開は、来週後半ということで進めています」

こうやって、現在、自分がやるべき仕事については、しっかりと抜かりなく進めていることをアピールする。有給休暇を取れる状態にある根拠をひとつひとつ述べて、最後に、

「そこで来週の月曜なのですが、事情があって休みを1日いただきたいのですが」

と、いちばん言いたいことを伝える。

これは、**〈根拠優先型の4行〉①根拠1　②根拠2　③根拠3　④結論、**を利用した話し方だ。この方法は、会話においてときにものすごい効力を発揮する。

先に根拠を積み上げながら話すので、聞き手にとっても最後の結論部分を聞くまでの心構えができる。話の筋を予測しながら、話を聞くことができるのだ。きちんと根拠を積み上げれば積み上げるほど、聞き手は「そういうことなら仕方ないな」という気持ちになる。**論理的に説明されると、人は納得しやすくなる。**

また、**根拠を挙げながら相手の顔色をうかがうことができる。**言いながら、「どうも結論まで言ってしまうのは、今はまずそうだ」と感じたらそこで話をあやふやにして終わらせればいい。そのうえで、結論まで言わず違うアプローチを考えたり、タイミングをもう一度はかり直したりする。

会話は、相手の気分、感情、状況によって左右されやすい。「前はこういう伝え方でうまくいったのに、今回はダメだった」ということはどうしても起こってしまう。また、同じ言い方で部長に通用したことが、課長にシャットアウトされてしまうということもある。生身の人間同士が向き合うのだから、相性という要素も加味される。

だったら会話のそうした特徴を、デメリットではなく、むしろメリットとして利用してしまえばいいわけだ。さまざまな伝え方をするうち、「相手が好むパターン」はきっと見つかる。

相手の発言を言質にとる「~さんのおっしゃるとおり」

そう考えると、実は手強い相手に立ち向かわなくてはならないときこそ、会話が持つ流動性や曖昧さを最大限に利用するという戦略が有効になる。

会話というものは、次から次へ流れていく。さっきまで映画の感想を言い合っていたのに、いつの間にか海外旅行ならどこへ行きたいかという話になっていたりする。

つい5分前に自分がしゃべったことをまったく忘れてしまうということはないだろうが、そのすべてを明確に記憶しながら会話を積み重ねていくということはあり得ない。

そこで、話を自分に有利に進めるため、ここぞというときに**「〜さんのおっしゃるとおり」**と言ってみる。もちろん、

「○○**部長のおっしゃるように、**この企画を進めるのは時期尚早だと私も思います」

というふうに、権威ある人の言葉を笠に着る方法はよく知られている。それをさらに進化させて使う。

「〜さんのおっしゃるとおり」と言われると、ほとんどの人が「自分はそう言ったかもしれない」と思ってしまう。「いや言ってない」というほどの確固たる自信は持てなくなって、揺らぐのだ。たとえば部長が「この企画を進めるのは時期尚早」と明言していなくても、時期について何か発言したのなら、

「○○**部長のおっしゃるように、**この企画を進める時期については再考の必要

があると思われます」

というふうに、うまく利用する。イエスと言ったのをノーと言ったと、強引にねじ曲げるのはダメだが、こうした使い方ならうまく相手や周囲を丸め込むことができる。「～さんのおっしゃるとおり」も「お助けフレーズ」として利用できるというわけだ。

「ご存じのように」も、自分が言いたいことに関する情報を周知の事実として相手や周囲に伝えることができ、同様の使い方ができる。

一人語りで注意したい「ネタ」の活かし方

講演会で私が気をつけていること

私はよく講演会で話をする。そのテーマは、話し方、文章の書き方、教育全般、音楽関係など依頼によってさまざまだ。

どんな講演会でも同じなのだが、すべての人が、最初から最後まで集中して聞いてくれるということはまずない。必ず途中で退屈した表情や態度を見せる人が出てくるし、居眠りする人もいる。そういう人を会場に見つけてしまうと、「話がおもしろくないのだろうか」と、急に自信がなくなる。テンションが落ちてしまうとまずい。そこで、1時間から90分の一人語りをもたせるには話し方にも工夫がいるのだ。

私のやり方はこうだ。まず**話全体が、4部構成**だ。たとえば、「知的な話し方」

についての講演の場合、初めに「知的な話し方とは何か」という理論編、次に「知的な話し方の具体的テクニック」、第3部として「上手に話をするための注意点」、最後に今後の心構えと、ときには質疑応答で終わりにする。

しかし、それだけでは、聞き手を楽しませ、興味を引きつづけるのは難しい。そこで、私は、**それぞれの部分もいくつものネタでつなげる**。たとえば、第1部で、知的な話し方とは何かについて、3つか4つの話題をつなげる。

いわば串団子状といっていいだろう。1ネタおよそ5分くらいだろうか。さまざまな分野に関するネタが頭の中に100個ほどある。それを講演会の内容や雰囲気、聞き手の年齢や層に合わせて次々とくり出していく。

ひとつのネタが終わると、次のネタへ移る。ひとつのネタがウケなくても、いくつか話をすればウケるものがある。そうしながら、今日の客にはどのようなネタがウケるかを探る。

たとえば、「知的に話をするための注意点」に関する講演会で、しばしば、「自慢はけっして悪くない。日本人はもっと自慢するべきだ」という話をする。初めに自慢の必要性を語り、次に根拠を3つ重ねていく。まさしく4行構成を用いて話をする。

そして、次に、「自慢のテクニック」の話に移る。ここでも4行構成で話をする。初めのテクニックをざっと解説し、次にその功罪を説明して、3行目で上手な自慢のモデルを語る。そして、それに感想をつけ加える。それが終わると、次のネタに移る。たとえば、「知的に話をするには、上手に言い訳をすることが大事だ」という話をはじめる。これもまた同じように4行で構成する。

このように、**団子のひとかたまりは4行構成だ。**55ページで解説したいくつかの4行構成の型を応用して、**〈結論先行型の4行〉①結論、②根拠1、③根拠2、④根拠3の型や、〈エピソード型の4行〉①きっかけ、②ストーリー、③クライマックス、④まとめ、の型が使いやすい。**ひとつのエピソードが短いので、聞いているほうも理解しやすく、すらすらと頭に入る。しゃべるほうも、気軽にいくつものエピソードを重ねていけばいいので、気がラクだ。

一人である程度の時間を支配して話せ、相手が口を挟まないとわかっているとき、油断してついダラダラと話してしまう。冠婚葬祭のスピーチなど、その典型的な例だろう。一人語りのときこそ、聞き手に伝わる話し方を心がける必要がある。

エピソードは単純化することで「おもしろネタ」になる

私は、お笑い芸人がおもしろおかしく実話ネタを披露する『人志松本のすべらない話』が好きでよく見ていた。

あの番組がおもしろいのは、笑える失敗ネタや奇妙な体験談の話し手が芸人だからと考える人もいるだろう。話のテンポや間、表情やしぐさなど、会話をおもしろく聞かせる術に確かに芸人は優れている。だが、芸人たちの話に引き込まれるのは、それだけではないはずだ。

たとえば、自分の失敗談を披露するとしよう。そのとき、こんなことがあって、こうなって、ああなってと、出来事の経緯を話しただけではもちろん聞いているほうはくすりともしない。最後にドカンと笑ってもらうには、「人間的な器のちっちゃい自分」というところまで聞き手を引っ張って笑わせるための、鮮やかなオチが必要だ。

そのオチにはいくつかのポイントがあるはずだ。たとえば、**ひとりよがりではなく、誰もが「あるある」「わかるわかる」と理解や共感ができる話になっていること**。人間の普遍的な愚かさが凝縮されていること。あるいは、とことん古典的なオチの場合もあるかもしれない。

笑いにおけるオチには意外性だけでなく、実は抽象化が必要なのではないだろうか。単純化と言い換えてもいい。私が思うに、『すべらない話』で活躍している芸人たちは**話し方がうまいだけではなく、ネタを抽象化、単純化するのがうまい**のだろう。

一人の持ち時間は2分から3分だと思うが、基本的には**〈エピソード型の4行〉**に則って順序を構成し、枝葉末節を省いたり、肝になるセリフをデフォルメしたりしている。これも話全体の抽象化に役立っている。実際、その抽象化に失敗し、**登場人物を増やしすぎたり、必要ないエピソードまで盛り込んでしまうと、話はすべる。**

彼らの話を文章化したことはないが、書き取ってみると、見事な4行構成になっているかもしれない。

前章で、「文章を読むとき最も大切なのが、書かれた内容を抽象化する力。4行構成を頭に入れて読んでいけば、抽象化ファイルしやすくなり、その状態で頭の中にインプットしておけば、情報はいつでも取り出し可能だ」とお話しした。これは話す場合にも言えることなのだ。

あの番組のコンセプトは、「人は誰でもひとつはすべらない話を持っていて、それは誰が何度聞いてもおもしろい」というものらしいが、まさに4行でファイルできているから、何度も話せるし、何度聞いてもおもしろいのだろう。

質問させるように「短く話す」のがいちばんいい

「質問されたら負け」ではない

一対一でしゃべっていて、「心地よい」と感じるとき、そうでないときがある。誰でも似たような経験があるだろう。

言うまでもなく、心地よいと感じるのは、互いの会話がうまくかみ合っているからだ。気が合う、親しい、共通の話題にあふれているなどの要因も影響するが、ビジネスの間柄や初対面でもこうしたことは起こる。

そのとき、話し方の上手な人はどうやっているかご存じだろうか。実は、相手にうまく質問させているのだ。

話の下手な人は、一気に自分の言いたいことを言わなければいけないと考えている。その結果、話が長くなり、相手を退屈させてしまう。反対に上手な人は、自分

の言いたいことを言いながら質問という餌をまき、相手の興味を自分に引きつけていく。

たとえば入社試験の面接は、尋ねられたことに対して答えればそれでいいというわけではない。面接官は話の内容もさることながら、コミュニケーション能力を見ている。もともとの性格が明るく、人前でも物怖じしないという人でも、学生時代の功績を延々と一人語りするようでは、採用はおぼつかない。

「私は2年のときアメリカへ留学し語学を学びました。
英語はけっして得意ではなかったのですが、外資系企業で働くのが夢でしたのでがんばりました。
おかげさまでTOEFL　iBTで○点を取れるほど英語力がつきました。
この語学力と留学の経験を仕事に生かしたいと考えています」

きちんと4行にまとまってはいるものの、このように一人語りをしてしまうと、

「もういい、わかったよ」ということになり、質問も出ず、話が次に移ってしまう可能性が高い。つまり、発言者自身に興味を持ってもらえない。だが、こんな言い方ならどうだろう。

「以前、御社の川崎社長とB・D・ウィリアム氏のトークショーを聞いたことがあります。

英語だったので、当時は聞き取れない部分も多かったのですが、社長のフロンティア精神に共感し、ぜひとも御社で働きたいと思いました」

「そのトークショーは、確かニューヨークで行ったものでしょう？」

「はい、そのときむこうに留学中でした」

「そうですか！　いつ留学していたのですか？」

面接官はまんまと「留学話」に食いつき、自分は語学力についてアピールする会話の下地づくりができる。

これなら面接官に、「話しておもしろかった」という印象を残せる。そうなれば、さらに、「この人なら同じ職場で働いてみたい」と思わせるのも難しくはない。

質問という餌をまいて、相手を自分に引きつける

上手に話して相手に伝えるには、相手から質問を受けるようではダメだと思い込んでいる人が多い。質問をされるということは、自分の言い方がまずかったからだ、伝わっていないから相手は尋ねるのだと考える。

しかし、一人語りが許されるシチュエーション以外、会話は自分の〝作品〟ではない。相手との共同作業なのだ。質問されて当然だし、**むしろ発言と質問はセットと考えるべきだ。**そう考えていたほうが気もラクだし、いざというとき緊張して話がまとまらなくなるのを避けることもできる。

さらに、**質問という餌をまくことで、徐々に相手との距離をつめていける。**むこうは質問の回答を得るたびに、「なるほど」と納得し、「それには私も同感だ」と共感する。餌をうまくまければ、質問に答えているだけで、言い分をわからせること

ができるのだ。

「いや、それは違うだろう」と相手が反論したならば、それは説得するチャンスととらえればよい。

つまり、**相手からの質問は、相手のことをよく知るための手がかりになる。**攻略のヒントと思えばいい。

そこで最後に、質問から相手のことを探るコツをお教えしておこう。

私は大学の授業や講演会などで質問を受け、驚くことがある。なぜなら、私が常識だと思って話していたことが、相手にとっては常識ではないということがあるからだ。そんなとき学生や講演に来てくれた人たちの顔をあらためて眺めてみると、「ああ、今の話は伝わっていなかったのだな」と瞬時に理解できる。皆、キョトンとして、消化不良の様子なのだ。

自分の話が相手に伝わっているのかどうか確かめたいときは、次の項目をチェックしてみるとよい。

・**考え方の前提に違いはないか。**
・**知識量の違いはどれくらいか。**
・**言葉の定義に違いはないか。**
・**体験量の違いはどれくらいか。**

　私はクラシック音楽が好きで、特に19世紀後半から20世紀初頭にかけてのワーグナー、ブルックナー、ブラームス、リヒャルト・シュトラウスなどの作曲家を偏愛している。そのためだろう。音楽好きと話していると、私が同時代のもう一人の大作曲家であるマーラーも好きだと思われてしまう。ところが、私はマーラーという作曲家は大嫌いなのだ。ほんの少しマーラーの音楽を聴くだけで不愉快な気持ちが高まってくる。話しているうちに、私がマーラー嫌いであることに気づく人もいる。いつまでも気づかないので、私のほうではっきりと口にすることも多い。

　あるいは、「自由」という言葉を会話で使っていても、そもそもの前提が違う場合がある。ある人は「社会的に束縛されないことが自由」と考え、ある人は「自由は反社会な精神のあらわれ」と考える。このように言葉の前提に違いがあると、言いたいことは互いに伝わらないし、会話が深まらない。

会話をするということは、相手の力量や知識はどの程度なのか、相手と自分がどのように共通認識を持っているか、どの点で違うか、その背景にどのような考えがあるのかをある意味で値踏みすることなのだ。言い換えれば2匹の犬が出合って、互いに相手のにおいをかぎ合うように、人間は会話を手がかりにして、相手の情報を得ることなのだ。

つまり、今挙げた項目をチェックできれば、くどくど説明しなくても、相手の前提に立って言いたいことを伝える工夫ができる。そこでいい質問を引き出せれば、徐々にこちらの領分へ引っ張り込める。

第6章

今すぐ使える！
失敗しない
「伝え方」文例集

これまでお話ししてきた4行構成で短く伝えるコツを、本章では目的別、状況別の実践的文例で紹介していく。各項目に、その設定や状況以外にも対応できる普遍的なポイントを示した。自分自身が直面した状況に照らし合わせ、実生活でフル活用してほしい。

なお、すべてメールを書く設定で文例を挙げたが、これは話す場合にも使えることを、ここでもう一度強調しておこう。

☑約束の変更を願い出る

すでに約束したことだが、こちらの都合で変更したいということがある。たとえば友人と美術展へ行き、その日は焼肉を食べる計画だった。だが、仕事のつきあいで前日急に焼肉屋で会食することになってしまったので、約束の焼肉を変更したい。

そんなとき、次のようなメールを送ったとしよう。

〈例文〉…×

こんにちは。
土曜日の件ですが、焼肉を変更してイタリアンはいかがでしょう。
○○美術館の近くにいい店があるそうです。
たまには中央線沿線以外で飲むのも楽しみです。

親しい間柄なら、この文面で十分だと思われるかもしれない。「何か理由があるのだろうか」と察してくれる可能性もある。だが、「いかがでしょう？」という言い回しは、一見相談をしているように見えるが、自分の都合で勝手に報告しているにすぎない。親しい間柄だからこそ、理由まできちんとまとめて短く伝えたいものだ。

〈例文〉…○

こんにちは。

土曜日の食事、いつもの中央線沿線もいいけど、新しい店を開拓するのもいいかなと思ってメールしました。
同僚から○○美術館の近くに、いいイタリアンがあるという情報を得ました。今、期間限定で白ワインフェアをやっているらしいです、ご検討を！

人に何かをお願いする場合、どんな相手、間柄であれ、一方的に自分の言いたいことを伝えるだけにならないよう注意が必要だ。その際、**「確かに〜しかし〜」を使うことで変更したい理由も述べられ、説得力が増す**。何気ないメールほど4行で書くことを心掛けると、人間関係がうまくいく。特に携帯メールは、相手も自分と同じ価値観だと思い込んでしまう落とし穴がある。わかってくれるものだと思ってしまうと、そこで思考は止まり、ぞんざいな文章になってしまうので、仕事のメール同様、神経を使いたい。

☑初対面後、メールであらためて自己紹介する

会合などで出会った人に、お礼やご挨拶のメールを「1本入れておく」のはビジネスのたしなみだ。またビジネスの関係でなくとも、こうしたメールは相手との距離を縮めるいい機会になる。

〈例文〉…✕

昨日は連れがおりましたので、きちんとご挨拶できず、失礼しました。
○○さんからいつもお話を伺っておりました。
またお会いする機会もあろうかと存じます。
次の機会を楽しみにしております。

だが、せっかく送るならこのようなおざなりの文面ではなく、自己紹介を兼ね、

相手にインパクトを与えるものにしたい。短くても強い印象を残すために大切なのは、エピソードをうまく伝えることだ。

〈例文〉…○

昨日は連れがおりましたので、きちんとご挨拶できず、失礼しました。

○○さんからいつもとても音楽のお好きな方だと聞いておりました。

ザルツブルク音楽祭に行かれたとのこと、お話を伺いたく思っておりました。

私も近日中にぜひ行きたいと思っておりますので、次の懇親会の折にでも、ぜひお話をお聞かせください。

「お話を伺っていた」というだけでなく、音楽祭に行ったという具体的なことを聞いたことを示し、相手に対する関心が本気であることをわからせている。相手にとっても、音楽祭の話をすることは不愉快とは思えないので、実際に会ったときに喜んで話をしてくれるだろう。

仕事上の交流会、パーティ、また合コンなどでも、「これは！」という人物に出会ったときは、相手との接点を見つけて、このような自己紹介メールで自分の存在をアピールするとよい。

目上の人の間違いを正す

たとえば、上司があきらかに間違った判断で仕事を進めようとしているとする。なんとかそれを食い止めないと、自分たちの業務負担が増えるだけでなく、社としての損失を招くのは目に見えている。上司の〝ご乱心〟は、程度の差こそあれ起こるものだ。**こうしたときは、論理の矛盾を突くのがいちばんよい。**

〈例文〉…〇

先日、課長が会議でご提案された、「新商品のパッケージデザインをH社のデザインを担当しているMK氏に依頼する」件についてお伺いしたいことがあります。

あのご発言は、「ライバル社に対抗するには、真似ではなくオリジナルアイデアで」という、課長のこれまでの主張と矛盾するように思います。

われわれは課長の仕事への姿勢を信じ、これまでたくさんの商品を世に送り出してきました。

今一度、なぜこの時期にデザイン変更が必要なのか、スタッフ全員の前でお話しいただけないでしょうか。

2行目にあるように、「前はこう言っていたはず」と矛盾点を指摘する。つまり、言質をとって相手を不利な状態へ追い込むわけだ。

目上の人への進言は難しい。上司に向かって「あなたの考えは間違っている」と単刀直入に指摘できないので、言いたいことがぼやける。それを回避するためにも、**相手が「まずいところを突かれたな」と感じるポイントを4行構成に盛り込んで短くまとめればよい。**

この例のように、上司が会議で口にした言葉や、普段の会話でよく口にするフレーズを〝証拠〟として言質にとってもよい。

また、2行目以降を次のようにし、「課長の考えに反対ではないが、それを実行すると課長自身や会社にこんな不利益が及ぶ可能性がありますよ」と、じわりと圧力をかけて考えを改めさせる手もある。

〈例文〉…○

先日、課長が会議でご提案された、「新商品のパッケージデザインをH社と同じMK氏に依頼する」件についてお伺いしたいことがあります。

時間的にかなり厳しい状況ですが、今ならまだデザイン変更は可能ですので、スタッフ一同、最善を尽くしたいと考えています。

しかし、昨年、新商品XXで失敗したライバル社の真似をしたという評判が業界に広まるのではないかと心配です。

そうなると、うちの部署、そして課長ご自身が非難の矢面に立たされること

になると思うのですが。

さらに強気に出るなら、次のようなパターンがある。最初に挙げた例の3行目以降を書き換えている。

〈例文〉…○

先日、課長が会議でご提案された、「新商品のパッケージデザインをH社と同じMK氏に依頼する」件についてお伺いしたいことがあります。

あのご発言は、「ライバル社に対抗するには、真似ではなくオリジナルアイデアで」という、課長のこれまでの主張と矛盾するように思います。

どうして、昨年、新商品XXで失敗したライバル社の二の舞になるようなことをあえてなさろうとするのか。

課長という仕事上の指針を見失ったようで、われわれは途方に暮れております。

「失望させないでほしい」というニュアンスを加えることで、上司に意見をしながら、ヒヤリとさせることができる。

☑相手に無理を通す

部下であれ、取引先であれ、相手が望まないことをやってもらわなければならないシチュエーションは必ず起こる。有無を言わさぬ権力を持っているなら、「じゃ、よろしく頼むよ」のひと言ですむが、そうではない場合、「やるしかないな」と思わせるよう、伝え方を工夫する。

やり方は2つある。ひとつは**「大義名分をふりかざす」方法**。自社商品の包装の簡素化に伴い、下請け会社に損失が及ぶことになったケースを例にとる。

〈例文〉…○

このたび、定番商品Wの包装の簡素化をはかる案が、弊社の会議で取り上げ

られました。

発泡スチロールと台紙などの包装材はこれまで常識とされてきましたが、紙箱のみにすることも可能だという指摘が営業部から寄せられたためです。

試算によると商品一個あたり8gのゴミ削減ができるそうで、環境への配慮を考え、遅まきながら弊社でも取り組みたいと考えています。

あらゆる商品の包装について今までご尽力いただいた御社に、大きな変革をもたらす結果となりそうですが、ご理解のほどお願い申し上げます。


自社の都合ではなく、世の中の流れを鑑みての判断なのだということを強調するために「大儀」をうまく使う。環境のため、教育のため、消費者のためといった具合に、業種や立場によっていくらでも「大儀」はつくり出せる。2つ目は、**「おどしをほのめかす」方法。**3行目以降を相手に圧力をかける書き方に変える。

〈例文〉…○

包装の簡素化をアピールしているある若手社長から、商品一個あたり8gのゴミ削減になるという試算結果を受け、弊社でも取り組む方向で考えはじめました。

ただ、弊社としては長年お世話になっている御社とともに、新しい改革を進めていけたらそれがいちばん安心なのですが。

ライバルの存在をほのめかすことで、相手を焦らせる。「従来のやり方を変えないのなら、こちらにも考えがある」「断ってもいいけど、どうしますか?」と、さりげなくおどしをかければ、たったこれだけの短い文章で、こちらの意志を伝えながら相手を意のままに操れる。

☑断りにくい話を断る

何かの役割に任命されたり、無理難題を押しつけられそうになったとき、うまい断りの文章を書くのは骨折りだ。仕事やプライベートの基本的な人間関係を壊さないよう神経を使うため、どうしてもダラダラと長い言い訳を書いてしまう。

たとえば、「ビジネス交流会における幹事を年間通してやってほしい」という依頼が来たとしよう。毎回50名以上が集う会のお知らせメールの通知、参加者数の確認、会場の確保、当日の運営など、年数回イニシアティブをとって動かなければならない。幹事だからこそそのメリットを考慮しても断りたい場合は、相手のメンツを守りながらやんわりといなす。

〈例文〉…○

このたびビジネス交流会の幹事役に、主力メンバーの岡村さんからご指名いただき、とても驚いています。

幹事役は多くの方と知り合えるチャンスだと思いますが、ご存じのように私はメンバーの中でも若輩者です。

現在の私には、岡村さんのように精力的に会を取り仕切る余力がありません。

今は、先輩方から交流会のやり方を勉強させていただく時期ととらえ、今後に活かしていければと考えています。

あくまでも、「やりたい気持ちはあるが、今は引き受けるのが難しい」というスタンスをとる。そうすれば方向性がブレず、「どう書こうか」と悩むことなくスラスラと書ける。そして、そうした態度を前面に出すことで、断りながらも相手との関係をうまくつなぐことができる。

また、仕事上の具体的な依頼や要請を断らなければならないこともあるだろう。「弊社としては対応しかねるという結論に達しました」と書きつつも強面《こわもて》な態度には出られないときもやはり、相手のプライドをくすぐったり、泣き落としの一文を入れるなどして、文章の山場をつくり、長い言い訳にならないよう気をつける。

☑お詫びをする

人間は誰でも失敗する。それはしかたのないことで、大事なのは失敗した後、どうフォローするかだ。その際、多くの方が実践しているだろう方法が、お詫びの文章を書くことだ。

ただ、お詫びはどうしても言い訳がましくなってしまう。せっかく勇気を出して送ったのに、相手に悪い印象を残してしまったのでは逆効果だ。

そこで、ポイントをお教えしよう。それは、土下座をするつもりで書くこと。つまり、失敗を相手が思っている以上に重く受け止めているというスタンスで書く。そうすると、言い訳を長々と書くようなことはなくなる。

〈例文〉…○

今回の「お配り物」の納品ミス、ほんとうに申し訳ありませんでした。

御社の創立記念パーティに際し、担当者の中田様が数ヶ月にわたって心血を注いでいらしたのは存じておりましたのに、その努力をあやうく私が台無しにしてしまうところでした。

　終了時間直前に届いたとはいえ、パーティの間中、不安にさせてしまったのは、御社に多大な損害を与えてしまったも同然です。

　今後はこのようなご迷惑をおかけすることのないよう、細心の注意を払って業務に取り組む所存です。


「御社に多大な損害を与えてしまったも同然です」のような、**「大げさなくらいの謝罪」の表現で土下座する**。そこに主眼に置いて書こうとすれば、相手の立場に立てるのだ。

　きちんとフォローできるかどうかで、自分への評価も変わるし、その後の人間関係も変わる。相手が上司だろうが、同僚だろうが、後輩だろうが、コツは一緒だ。

☑感謝の気持ちを伝える

プロジェクトの終了、社内・社外の仕事仲間の異動、転勤、退職など、仕事や人間関係には節目が訪れる。その際、感謝の気持ちを伝えるタイミングを逃さないようにしたい。

相手がどれだけ目上の人であれ、また社外の人であれ、**短く、インパクトのある文章に仕上げるポイントは、当事者同士の間にある「思い出話」**だ。取引先のプロジェクトパートナーが転職するという設定で、これまでの感謝の気持ちを伝えるメールを書く。

〈例文〉…○

思えば、初対面はお互いに印象が悪かったですね。

プロジェクトが始動してすぐの広島出張で意見がぶつかり、新幹線の中で激しいバトルになりました。

でもあれがきっかけで私はあなたの先見力に感服し、あの夜おいしいお好み焼きを食べながら、このプロジェクトは成功すると確信しました。

仕事の楽しみは「戦友」を得ることと教えてくれたこと、ほんとうに感謝しています。


このようにどんなエピソードも、書き方によって二人の間の個人的な思い出として生きてくる。大事なのはいい思い出かよくない思い出かではなく、その経験によって自分が相手に対して何を感じ、何を得たかを率直な表現で書くことだ。

☑関係を断ちたいことをソフトに伝える

気軽に人を誘う人もいれば、誘いに乗るのが苦手な人もいる。仕事上のつきあいがベースにあると、誘うほうは誘いやすいし、誘われるほうは断りにくい。そうしたメールに返信しないのもひとつの手だが、相手が鈍感な場合、「今回はたまたま忙しいのかも」などと勝手に判断し、何度も連絡してくるだろう。

これまでたびたび飲み会などに参加したが、その関係をもう断ちたいのだとしたら、飲みに行くのを断っているのではなく、交流を持つのがイヤなのだとほのめかす必要がある。

〈例文〉……○

いつもお声掛けいただき恐縮です。

ぜひ参加したいのですが、実は先日の健康診断で「要再検査」が出ました。体にだけは自信があったのですが、どうやらこれからはあまり飲みに行けなくなりそうです。

お仲間の皆さまにもよろしくお伝えください。

このような言い方なら相手も傷つかず、手短に用件を伝えられる。

誘いにかぎらず、何かについての意見をメールで求めてくる人もいる。メールは思ったときにすぐ発信できる便利なツールだが、そのぶん書くことに対するハードルが低くなる。だから、相手の都合を考えずに気軽に問い合わせする人が増えている気がする。むこうは「あの人ならこれについて知っているかも」という軽い気持ちなのだろうが、こちらは詳しいだけにどこからどこまでどう書けばいいのか、返信に苦労したりする。

要するに、メールで運ばれてくるさまざまな誘いや問い合わせをのらりくらりとかわしていると、そのたびに断りの文章を考えねばならなかったり、調べる義理もないのに調べ物をするはめになる。それはトータルで見ると大きな時間と労力のロスだ。

そうした相手に真意を伝える術を身につけておくことも必要なのだ。

本作品は当文庫のための書き下ろしです。

頭《あたま》のいい人《ひと》は「短《みじか》く」伝《つた》える

著者　樋口裕一《ひぐちゆういち》

二〇一一年一月一五日第一刷発行
二〇一六年八月一日第一九刷発行

発行者　佐藤 靖
発行所　大和《だいわ》書房
東京都文京区関口一―三三―四 〒一一二―〇〇一四
電話 〇三―三二〇三―四五一一

装幀者　鈴木成一デザイン室
本文デザイン　小林義郎
編集協力　井上佳世
本文印刷　厚徳社
カバー印刷　山一印刷
製本　ナショナル製本

ISBN978-4-479-30320-6
乱丁本・落丁本はお取り替えいたします。
http://www.daiwashobo.co.jp

だいわ文庫

樋口裕一（ひぐち・ゆういち）
一九五一年、大分県に生まれる。早稲田大学第一文学部卒業後、立教大学大学院博士課程修了。仏文学、アフリカ文学の翻訳家として活動するかたわら、小学生から社会人までを対象にした小論文指導に携わり、独自の指導法を確立。通信添削による作文、小論文専門塾「白藍塾」主宰。現在、多摩大学教授。
著書には『頭がいい人、悪い人の話し方』（PHP新書）、『ホンモノの思考力』（集英社新書）、『樋口式「頭のいい人」の文章練習帳』（宝島文庫）、『大人のための文章道場』（角川文庫）、『頭の整理がヘタな人、うまい人』（だいわ文庫）等、多数がある。

だいわ文庫の好評既刊

日垣隆
ラクをしないと成果は出ない
仕事の鉄則100
今年こそ仕事のやり方を変えよう！「やるべきこと」を圧縮し、「やりたいこと」を拡大する100のアイデア。
648円
158-1 G

古市幸雄
「1日30分」を続けなさい！
人生勝利の勉強法55
中卒、高卒、二流・三流大学卒のハンディは、継続的に勉強をすれば簡単に克服できる！50万人が夢や目標を実現できた勉強法を伝授。
648円
159-1 G

本田直之
レバレッジ勉強法
「時間がない」「やる気が出ない」「続かない」――。忙しいビジネスパーソンのための、最短距離で最大限のリターンを得る技術。
648円
167-1 G

*東田大志
京大パズル同好会 共著
京大パズル同好会の漢字力向上パズル
「ビラがパズルの人」考案の漢字パズルが90問！漢字の読み・書き力がアップする5種類のパズルで、あなたも漢字名人に！
600円
177-1 E

*京都の謎を歩く会
京都ふしぎ散歩
口コミ情報も満載！京都人も知らない!?ミステリアス・スポット、グルメ、お土産、謎の掟まで、京都のふしぎと謎をご案内します。
648円
180-1 E

*石黒拡親
2時間でおさらいできる日本史
年代暗記なんかいらない！中学生から大人まで、一気に読んで日本史の流れがざっくり掴める、読むだけ日本史講義、本日開講！
648円
183-1 H

表示価格はすべて本体価格（税別）です。本体価格は変更することがあります。